50代、賃貸ひとり暮らし。

―ものを手放して見つけた、私らしい日常

よう

はじめに

はじめまして、ようです。現在53歳、エステティシャンをしています。

私は50歳目前、子どもたちの独立を機に人生2回目のひとり暮らしをすることになりました。

当時、子どもたちと暮らしていたのは3LDKの賃貸物件。私ひとりだけではもてあましてしまう広さだったので、コンパクトな家に住み替えることを決意しました。そこからは仕事の合間を縫って物件探し、引っ越し準備…と目まぐるしい毎日。平和だった日々の歯車が、ものすごい勢いで回り始めた感覚でした。

小さな頃から片付けが苦手だった私。子どもたちと暮らしていた家も収拾がつかないほどごちゃごちゃでした。なので、引っ越し作業が本当に大変で…。

部屋を見回すと、大量のもの。子どもたちが好きだったDVDや本、衣類をはじめ、大量の書類や家具、家電…。この家で暮らした15年分の思い出とともに、ため込んでしまったものが床にまであふれている悲惨な状態でした。

引っ越し先は、間違いなく今よりも収納スペースを確保できなくなるので、「とにかくものを減らさなきゃ！」と、大規模な捨て活を決行することに。

そのとき、捨て活のイメージトレーニングとモチベーションアップのために観ていたあるYouTube動画で、ものを持たない「ミニマリスト」という暮らし方があることを知りました。

これまで「ものが生活を豊かに、便利にしてくれる」と思って生きてきたけれど、身軽になることで生活がラクになるなんて…まさに目からウロコ。

そして、ミニマルな暮らしに少しのお気に入りをプラスした「シンプリスト」が私にとって心地よいのではと、これからの生活のイメージが明確になりました。

大がかりな捨て活については本の中で詳しく紹介しますが、最終的に軽トラ約2台分の不用品を処分。厳選した家具や食器、観葉植物などとともに、現在の2DKの築古賃貸物件で、久しぶりのひとり暮らしをスタートさせました。

そこから少しずつ少しずつ時間をかけて、気に入った家具や生活雑貨だけを買い足していき、今の生活に至ります。

インスタグラムで「よう／アラフィフからのおひとりさま生活」というアカウントを立ち上げて、持たないひとり暮らしの日常を投稿し始めたのは、引っ越しから半年後のことでした。

「毎日投稿すれば、その都度片付けるから部屋が散らからなくなるかな…」という少しよこしまな（!?）理由で始めたことでしたが、フォロワーさんたちとの交流など、新たな楽しみが増えました。

そしてインスタグラムをきっかけに、インテリア雑誌の取材やウェブ記事の執筆、ついには自分の本まで出版することに。どんどん世界が広がっていきました。

この本では、お気に入りに囲まれた現在の暮らしを、インスタグラムとはまた違った角度から紹介するほか、これまであまり見せてこなかった仕事や健康のこと、先々の不安との向き合い方、人間関係などについてもお話しします。「こんな生き方もあるんだなぁ」と、わが家に遊びに来る感覚でご覧いただけたらうれしいです。

〈もくじ〉

はじめに

第1章 私が「持たない暮らし」を選んだ理由

今の住まいを選んだ決め手 ―― 14
おひとりさまのルームツアー ―― 16
全部捨てるつもりで大量のものを処分 ―― 18
軽トラ2台分の荷物とお別れ ―― 20
最後に残した家具は3つだけ ―― 24
築古賃貸をセルフリノベで楽しむ ―― 28
ズボラでも続く毎日プチ掃除 ―― 32
持たない暮らし 1日のルーティン ―― 34

第2章 シンプリストのもの選びと手放し規準

家具選びで大切にしていること ―― 38
インテリア、DIY好きの歴史 ―― 42
シンプリストのキッチン収納 ―― 44
優秀な収納 バンカーズボックス ―― 48
観葉植物との暮らし ―― 50
植物好きのルーツ ―― 54
厳選した食器たち ―― 56
お気に入りの食器棚 ―― 57
少しのお気に入りがひとりの食卓を彩る ―― 58
陶芸でつくった器ギャラリー ―― 60
〝制服化〟ですっきりクローゼット ―― 62
春夏秋冬のコーディネート ―― 68

たたまない収納で効率化――70
数少ない愛用バッグをご紹介――72
シンプリストのバッグの中身――73
バッグは軽く、荷物は最低限――74
ズボラの紙もの整理術――76
Q&A フォロワーさんからの質問に答えます――79

第3章 50代ひとり暮らしの仕事・健康

エステティシャンという仕事――82
美容とメイクのこと――86
更年期、私の場合――90
健康オタクの運動習慣――92

健康の秘訣は、良質な睡眠時間 —— 94
おひとりさまのリアルな食事 —— 98
仕送りを活用したつくりおき —— 100
15年食べ続けている朝ごはん —— 104
Q&A フォロワーさんからの質問に答えます —— 107

第4章 おひとりさま、先々の不安との向き合い方

ひとり暮らしはさみしい? —— 110
家計簿はあきらめました —— 116
先々の不安ともしものための備え —— 120
老後のために今できること —— 124

第5章 私らしい日常とSNSで広がった世界

インスタグラムは第二の居場所 —— 130
おかえりが聞こえる空間にしたい —— 134
SNSは生存確認でもあります —— 138
いつも等身大で発信したい —— 140
Q&A フォロワーさんからの質問に答えます —— 143

第6章 自分で自分をごきげんにする方法

〝自由〟なことがなにより大切です —— 146
他人とは比べません —— 150
がんばったら自分を褒める —— 154
私の趣味！ ものづくりが大好きです —— 156

ご褒美を忘れない――160
年始に書き出す「やりたいこと」――162
ソロ活が楽しくなりました――166
月に1回「自分とデート」――170

第7章 50代からの人間関係

子どもたちとは親友になりました――174
家族、女友達との関係性――176
心地よい関係性を築くために――178
常連客になり、居場所をたくさんつくる――180
ありがとうをたくさん言う――182

おわりに

第1章

私が「持たない暮らし」を選んだ理由

今の住まいを選んだ決め手

私がひとり暮らしを始めたのは２０２０年、子どもたちの独立がきっかけでした。当時、娘はすでに家を出ていて、社会人３年目の息子と一緒に３ＬＤＫの賃貸物件に住んでいました。ある日、息子と晩ごはんを食べていると、突然「社宅に入ることが決まったから」とひと言。心のどこかで「いつかは…」と覚悟はしていましたが、まさかこんなに早くひとり暮らしが実現することになるとは思いもしませんでした。

それから2か月後、物件探しをスタート。優先した条件は「駅から徒歩5分圏内」「日当たりと風通しがいいこと」「2部屋以上あること」。はじめは築年数15年までで見ていましたが、予算との兼ね合いを考え、もう少し古くてもいいかなと範囲を広げました。そこで、やっと理想の物件に出合えたんです。いちばんの決め手は、リフォーム済みだったこと。当時で築34年と想定より築古でしたが、システムキッチンもクローゼットも床も玄関もきれいで、あまり古さを感じませんでした。

内見で、エントランスに入った瞬間に「あ、いいな」と思ったんです。思い返せば、今まで暮らしてきた家も、自分のエステサロンをオープンした物件も、いつも直感で決めてきたような気がします。こうして、とんとん拍子にひとり暮らしをする新居が決まりました。

間取りは２ＤＫ、広さは37・５平米。ひとり暮らしにしては、やや広めの部屋を選んだ理由は「実家らしくありたい」と思ったから。娘や息子が泊まりに来たら、広い家のほうがいいかなって。いつか、娘が出産で帰ってきたり、子どもたちが家族と一緒に遊びに来るかもしれないなんて、未来のことも想像して。そうなったら、ダイニングテーブルやソファを置けて、寝室があって。２部屋以上ある間取りは譲れない条件でした。

家はとてもスムーズに決まったのですが、なにより大変だったのが引っ越しのための荷物の片付けでした。

おひとりさまのルームツアー

リビングとつながっている寝室（6畳）。薬《くすり》箪《だん》笥《す》と長《なが》持《もち》も置いています。奥にはクローゼットがあります

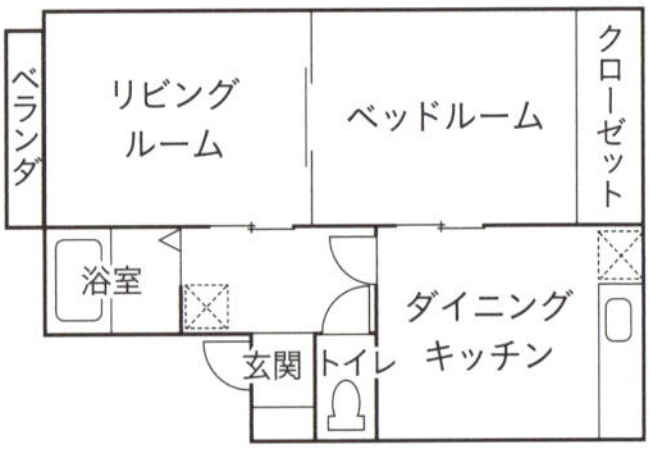

入居前にリノベーションされていたキッチン。引っ越し直後、整理収納アドバイザーさんに収納を整えてもらいました

Livingroom

二面採光で、日当たり良好のリビング（6畳）。たくさんの観葉植物やソファを置いて、リラックスできるお気に入りの空間に

Bathroom

浴室は掃除がしやすいように、置くものは最小限にしています

Entrance

玄関の棚上にはディフューザーやキャンドル、季節の飾りを

全部捨てるつもりで大量のものを処分

３ＬＤＫから２ＤＫの家に住み替えることが決定して、私はとても焦っていました。「この大量の荷物、どうしよう？」と。当時の私は、片付けや収納が大の苦手。ものが増えたら収納棚を買って、いっぱいになったらまた新しい棚を買う…の繰り返し。収納できないものが床まであふれているような生活でした。

たくさんの棚に囲まれながら途方に暮れましたが、最初にやったことはイメージトレーニングです。ＹｏｕＴｕｂｅでミニマリストの方の動画を観て、モチベーションを高めていきました。やる気が出るので、すっきり暮らしの人を参考にするのはおすすめです。

そしていよいよ片付けに取りかかり始めます。はじめに手をつけたのは洋服。45リットルの大きなゴミ袋を持って、すべて「いる」「いらない」「わからない」に分けて整理していきました。時間が確保できるときに「今日はバッグを入れている棚を片付けよう」など小さなゴールを決めて、棚ごとに少しずつ進めます。収納棚がひととおり終わったあとは、クローゼット、本棚、洗面所、キッチンの食器棚と、収納場所ごとに処分するものと残すものを仕分けしていきました。

あまりにものが多すぎたため、「全部捨てるつもりで」と決心したことをよく覚えています。なぜかというと、そのほうがテンポよく片付けを進められるからです。すべていらないつもりでゴミ袋まで持っていくと、「これは必要かも」「捨てられない！」と思えるもの、つまり本当に必要なものだけを残すことができます。いちいち「これはどうしよう？」と悩んでいたら、頭も疲れてきちゃいますよね。

よくフォロワーさんからも、うまく片付けができないというお悩み相談を受けるのですが、このことをお伝えすると「目からウロコ！」だと言われます。自分で大量のものと向き合ってみて、片付けを進めるスピード感はとっても大切だなと思いました。

軽トラ2台分の荷物とお別れ

仕事の合間や休みの日。毎日少しずつ、少しずつ片付けを進めていくと、だんだん棚の中がスカスカになってきます。いったい、ここまでにゴミ袋何十袋分捨てたんだろう？

このときにふと気づいたのですが、片付けってダイエットに似ているなと。家からゴミ袋が出ていくたびに、すっきりして気持ちが軽くなります。そう、無駄な脂肪が減っていくみたいに。最初は取りかかることがあれほど面倒だったのに、気持ちがのってきたら、片付けることが楽しくなってきました。単純作業も向いていたし、捨てるのが気持ちよくなって、どんどん処分していくことができました。

主に処分したのは、こんなものです。長い間使ってなくて、この先も使わないと思ったもの。処分してもまた使うときはすぐ買い直しができるもの。なんとなく捨てずにとっておいたもの。古い家具や家電など、よく見ると使い込んで古くなり、買い替えの時期がきているもの。フチのかけてしまった食器やシミがついている洋服も手放しました。迷ったものはいったん保留にしておいて、あとでもう一度見直すことに。並行して、売れそうな本はフリマサイトに出品したりもしていました。片付けにかかった期間は全部で3か月くらいです。

これまでも自治体の粗大ゴミ回収にもたくさん出したのですが、最後は不用品回収業者さんに引っ越しの前日に来てもらい、たくさんの荷物をまとめて回収していただくことに。

回収当日の朝、「全部積みきれないかもしれない」と言われて焦ったのですが…。カラーボックス10個以上、たくさんの収納棚、衣装ケース、ダイニングテーブル、ダイニングチェア、子どもの学習机やベッドなど、大量の荷物を業者さんがなんとかパズルみたいに積み込みしてくれました。この日、軽トラ2台分の荷物とさよならしました。

片付けは本当に大変だったけれど、ものだけじゃなくて気持ちも整理できたことがとてもいい経験でした。「ちょっと捨てすぎたかな？」と思うくらい、ものが少ない状態での新生活になりましたが、そんなコンパクトな暮らしが私には合っていたようです。以前のようにものがあふれる生活に戻りたくないという思いから、ものとのつき合い方も変わっていきました。

引っ越し直後、ものが増えることに敏感になっていた頃に気がついたのが、私にとって買い物は「必要なもの」と「気持ちが欲しがっているもの」の2種類あるということ。たとえば、昼食を買いに行ったコンビニで、お弁当は「必要なもの」、スイーツは「気持ちが欲しがっているもの」といったように。それから、ものを買うときは、「これは必要？ 気持ちが欲しいだけ？」と落ち着いて考える習慣がつき、「自分へのご褒美に〝あえて〟買おう」とか、「今日はやめておこう」と判断するように。今は自分にとって本当に必要なもの、なるべく兼用できるものを厳選するようにしています。

ものとのつき合い方を考えるようになったきっかけは、仕事でも。

私は、高齢でサロンへの来店が難しいお客さまには、月に1回ほどご自宅を訪問して施術を行っています。とくにひとり暮らしの方は、80歳を過ぎた頃から伺うたびにものが増えていき、探しものをする時間が少しずつ長くなっているように感じます。「片付けるの手伝いましょうか？」と声をかけても、「いいのよ、このままで」と。ものが増える原因は、目が悪くなってきたり、おっくうになってきたりといろいろだと思います。それ以外に、ひとつのものを必要かどうか判断し、捨てるには気力も体力もいるため、年々大変になっていくのかなと。自分で片付けをやったからよくわかります。

「ものが多いと不自由にもなるんだな」と思ったので、今のうちからできるだけものを増やさないように、不要なものは減らすよう意識して、将来を見据えています。

最後に残した家具は3つだけ

前の家で使っていた家具は、15年から長いもので25年以上使っているものばかりだったので、ほとんど処分することにしました。

引っ越しのときに持ってきた家具は、寝室にある薬箪笥と長持（フタつきの収納箱）、リビングにあるチェストの3つだけでした。どれも形や雰囲気が大好きで、「これから先も使い続けたいな」と心から思ったもの。また、どれも収納ができて実用的というのも大きな決め手です。

薬箪笥と長持は、昔、上海に住んでいたときに購入したものです。小さな引き出しが並んでいる薬箪笥には、細々した日用品を入れています。文具類、コード類、電球など、引き出しごとに定位置を決める代わりに、中はざっくり入れるだけでOKにしています。引き出しの中身はきれいに整えなくてもいいと決めたら、とてもラクです。小さな収納ボックスや仕切りなどを、買い足さなくていいところもうれしいポイント。引き出しは意外と奥行きがあるので、収納力もたっぷりなんです。

薬箪笥には、文具やコード類など日用品を収納。小さな引き出しが並んでいるので、収納ボックスや仕切りは必要ありません

フタつきで使い勝手がいい長持。来客用の布団を収納しています

25年以上愛用しているアンティーク調チェスト。観葉植物を置いたり、引き出しにはガーデニング用品を収納

薬箪笥の上には、同じく上海で買った茶壺や器もディスプレイしています。この器たちも、手放すことができなかったお気に入りです。

そして、リビングに置いてあるアンティーク調チェスト。天板が観葉植物やインテリア小物を飾れるスペースになりますし、引き出しつきで収納力もあるので、きっと新居でも活躍してくれるだろうなと思って持ってきました。

また、ものを仕分けていくなかで、「この先も残したいもの」が明確になりました。手元に残したものの基準は以下です。

・**思い出のもの**…写真、子どもたちが小さい頃に書いてくれた手紙、よくできた工作や作品など

・**この先も持ち続けたいと思ったもの**…買い直しのきかない服やバッグ、本、食器など

ちなみに、子どもたちの部屋は本人にそれぞれ片付けをしてもらいました。子ども部屋の家具や収納はほとんど処分しましたが、整理するのに時間がかかったのは思い出のもの。子どもたちが小さい頃の工作や描いた絵、作文、賞状、通知表などもたくさん出てきたので、相談しながら整理していきました。

最後にはベストオブベストの作品たちが、2人合わせて段ボール1箱分くらい手元に残りました。娘が幼稚園生のときに描いた、かぼちゃが転がっている絵本も残してあって、とっても可愛いんです。いつか結婚式で出してやるぞ〜なんて、密かにたくらんでいます（笑）。

築古賃貸をセルフリノベで楽しむ

5年前に自分のエステサロンをオープンしたときに、友達から紹介してもらった業者さんに内装をお願いし、私も手伝いながら一緒につくっていきました。そのときフロアシートの存在を知り、敷き方を教えてもらうことに。壁紙の貼り方なども、ちょっとしたコツとともに学びました。

築古のわが家。古さが気になるところがいくつかあり、もっとお気に入りの空間になるように、初めてセルフリノベーションに挑戦することにしました。

キッチンの出窓には、ベージュのタイル調のはがせる壁紙を貼っています。もともとはステンレスだったのですが、明るくなりました。また、シンク前から冷蔵庫下の床には、キッチンマット代わりに大理石調のフロアシートを敷いています。じつはLの字になるようにカットしていて、冷蔵庫の下までシートが敷いてあるんですよ。

上）キッチンの出窓に、モザイクタイル柄の壁紙シールを貼っています

下）キッチンのシンク前には、キッチンマット代わりにフロアシートを

トイレの奥の壁はグレーの壁紙シール、床には置くタイプの床材を

今まで何回も引っ越しをしてきましたが、冷蔵庫の下がいつも汚くなって、退去する前の掃除が大変で…。掃除してもどうしてもきれいにしきれず申し訳ないと思っていたので、「今回は最初から敷いちゃおう」と、冷蔵庫を運び入れる前に敷きました。洗濯機の下にも、同じようにフロアシートを敷いています。

このフロアシートのよかった点は、水に強いこと！ 表面がつるつるしているので、濡れても汚れても、すぐに拭くことができます。部屋のサイズに合わせて大きさの調整ができるのもいいですね。

そしてトイレには置くタイプの床材を、玄関にはタイル調のデザインのフロアシートを敷いています。これだけで空間がパッと明るく、華やかになった気がします。

リビングと寝室の間の引き戸には、はがせる白い壁紙を貼りました。もともと木の色味だったのを壁と同じ白にして、空間が広く見えるように。

セルフリノベーションに挑戦するときに気をつけていることは、「必ず現状復帰ができる」こと。賃貸なので、退去するときに元に戻せるように壁紙ははがせるものを使い、床には置くだけでいいものを使っています。

壁紙やフロアシートは、基本的にネットで探すことが多いです。小さいサンプルを送ってくれるところが多いので、それで見比べて、吟味しています。壁紙を貼るとき、特別な道具は必要ありません。位置を合わせたら、マイクロファイバーふきんで空気が入らないように上から下に向けて拭くだけ。はがせる壁紙なので、失敗してもはがしてやり直しができるのも魅力です。

ズボラでも続く毎日プチ掃除

引っ越し前の片付けで、家庭用洗剤が大量に出てきました。ガラス用、換気扇用、床用…。掃除が苦手なのでそれをカバーしたいと思い、いろいろな種類の洗剤を購入していたのですが、使いこなせずどれも残量がたっぷり。当時、ドラッグストアで「3本セットでお得！」と店頭に並んでいると、つい買っていたんです。おかげで、処分するのがとても大変でした。もうこんな経験はしたくないし、新居でものも増やしたくない。引っ越してからは、掃除はスプレータイプの「ウタマロクリーナー」に統一しました。

また、お風呂掃除も大の苦手。だからこそ、毎日のプチ掃除をがんばっています。入浴後、100円ショップのスクイージーを使って、床の水きりをします。時間に余裕があるときは壁や扉も。そのあと、水アカがたまりやすく、カビが生えやすいところをタオルで拭きあげることもあります。意外と手間も時間もかからず、すっきり気持ちがいい。なにより断然カビが生えにくくなり、お風呂掃除の回数も激減しました。

昔だったら、ちょっとカビが生えてきて気になっても見て見ぬふり…。モヤモヤしながら長い期間を過ごして、手遅れになった頃に必死で大掃除をするということを繰り返していたので、今は先手を打っている感じです。

キッチンも同じように、シンクはできるだけ拭きあげるようにしています。また、排水口はゴミ受けのネットを取り替えるタイミングで、ティッシュで拭きます。ティッシュ1枚で拭ける範囲なので、全然がんばってないのですが、これをやるだけで排水口の掃除がラクになりました。

持たない暮らし
1日のルーティン

私は毎日の仕事に定時があるわけではなく、出勤・退勤時間はまちまちです。朝は9時頃に出勤して、18時半から19時くらいに帰宅することが多いですね。定休日も決めておらず、土日祝は、朝から夜まで予約が入っている日が多いです。お昼を食べにいったん家に帰ってきたり、つくりおきを仕込む時間が取れる日もあり、わりと自由なスタイルで働いています。

休日は、3〜4時間かけてつくりおき用の料理をすることが多いです。私にとって幸せな過ごし方は、メイクもせず、映画やドラマなどを流しながら、趣味の刺し子（刺しゅう）をすること。リビングにあるプーフクッションに座って、ソファに寄りかかるのが私の定位置です。

そんな理想的な休みを過ごせることって、月に1回あるかないかぐらい。なので、刺し子が全然進みません（笑）。

朝時間の使い方がキモです

1日のスケジュール

<table>
<tr><th></th><th>仕事の日</th><th>休みの日</th></tr>
<tr><td>5:00</td><td></td><td></td></tr>
<tr><td></td><td colspan="2">起床</td></tr>
<tr><td>6:00</td><td colspan="2">体重測定、コップ一杯の水とサプリ摂取、
チョコレートを食べながらルイボスティーを飲む</td></tr>
<tr><td>7:00</td><td>スケジュール確認、
植物に水やり、部屋の片付け</td><td>読書</td></tr>
<tr><td></td><td>朝食</td><td></td></tr>
<tr><td>8:00</td><td>身支度</td><td></td></tr>
<tr><td></td><td></td><td>朝食</td></tr>
<tr><td>9:00</td><td>仕事
※予約状況によって、
出勤時間・退勤時間はまちまち</td><td>シャワー、洗濯、身支度</td></tr>
<tr><td>10:00</td><td></td><td></td></tr>
<tr><td></td><td></td><td>ロボット掃除機をセットして、
近所に買い物に</td></tr>
<tr><td>11:00</td><td></td><td></td></tr>
<tr><td>12:00</td><td></td><td></td></tr>
<tr><td></td><td>昼食</td><td>昼食</td></tr>
<tr><td>13:00</td><td></td><td></td></tr>
<tr><td>14:00</td><td>ジム（週2回ペース）</td><td>刺し子、
観葉植物のお手入れ、
つくりおき仕込みなど</td></tr>
<tr><td>15:00</td><td></td><td></td></tr>
<tr><td>〜</td><td></td><td></td></tr>
<tr><td>19:00</td><td></td><td></td></tr>
<tr><td></td><td colspan="2">夕食</td></tr>
<tr><td>20:00</td><td colspan="2">お風呂</td></tr>
<tr><td>21:00</td><td colspan="2">スキンケア、フェイスパックをしながら髪を乾かす、
ストレッチ</td></tr>
<tr><td>22:00</td><td></td><td></td></tr>
<tr><td></td><td colspan="2">就寝</td></tr>
</table>

第2章

シンプリストのもの選びと手放し規準

家具選びで大切にしていること

前の家から持ってきた家具は3つだけ（P．24参照）。それ以外は、新居で新しい家具を買いそろえることにしました。先にお話ししたように、引っ越し直前まで家の片付けをしていたので、新しい家の準備がまったく追いつかなくて…。引っ越してから、少しずつ部屋を整えていきました。

新しい家具をそろえるにあたって意識したことは「家具の背の高さ」です。コンパクトな部屋を広く見せてくれるものを選ぼうと思い、背が低くて、圧迫感のない家具を探しました。

たとえば、ベッドは「無印良品」のヘッドボードがないシンプルな木製フレームをチョイス。脚の高さは3種類から選べるのですが、いちばん低い12㎝にしました。ベッド下に掃除機がギリギリ入ります。

ダイニングテーブルにはダイニングチェアを2脚。1脚は背もたれがあるチェアを選び、もう1脚は背もたれがないスツールタイプにしました。

これだけでも空間が広く見えます。

リビングに置いた「モモナチュラル」のソファは背もたれが低く、片側だけにひじかけがあるタイプ。すっきりしたデザインがお気に入りです。

統一感がある部屋にするために「色のトーンをそろえる」ことも意識。家具の木目の色を統一し、リビングのラグは床の色に近いものを「イケア」で購入。ブラインドも壁と同じ白を選びました。そして、ベッドリネンやソファ周りのファブリックを落ち着いたグレーに。植物のグリーンをアクセントにすることで、明るく居心地のいい雰囲気が生まれています。

さらに、リビングには大きな鏡を置くことで、空間に奥行きを。ちなみに、ほとんどの家具は明るい木の色なのですが、リビングの窓辺だけは、アンティーク調チェストに合わせて、濃いブラウンの鏡やスツールをチョイスしています。

「モモナチュラル」のダイニングテーブルと「カール・ハンセン＆サン」のチェア

「無印良品」のベッド

これは実際に暮らし始めてから気づいたことなのですが、「家具を床と近い色でそろえる」ことも、空間を広く見せる効果があると思いました。

家具を探すときに見ていたインテリアブランドは、主に「モモナチュラル」や「無印良品」、「リセノインテリア」など。ものを増やしたくなかったので、本当に必要最小限の家具を買いました。

これまでの経験から、私はほとんどの家具を20年以上使っていることがわかっていました。そんなに高価なものではなくても、ある程度ちゃんとしたものを選んだほうが、後々のコスパがいいなと思います。

「モモナチュラル」のソファ

インテリア、DIY好きの歴史

小学生くらいのとき、親に「好きな本を買っていいよ」と言われて、子ども向けのインテリアのノウハウ本を買ってもらった記憶があります。パラパラとページをめくっているだけでも楽しかったんです。きっとその頃から、インテリアが好きだったんだろうなと。

以前フォロワーさんから、「昔からＤＩＹが好きだったんですか？」と質問されて思い出したことがあります。

小学生の頃から使っていた、洋服を入れる4段くらいのチェスト。でも、色が好みではなくて…（笑）。そこで、高校生のときに白いスプレーを買ってきて、真っ白に塗り直すことに。こんなふうに、昔から自分なりに工夫して整えることも好きだったのかなと思います。

本格的にＤＩＹを始めたのは、今の家で暮らし始めてから。これまで住んだ家は比較的築浅だったので、あまり気になるところがありませんでした。

好きなインテリアのテイストは、30年くらいで少しずつ変わっていきました。もともとは、ヨーロピアンアンティークが好きでした。観葉植物を置いているアンティーク調チェストは、その当時に買ったものです。

昔、上海に住んでいたこともあるので、そのときにオリエンタルなシノワズリーの雰囲気も好きになりました。寝室の薬箪笥や長持など、上海で買ったものを今でも使っています。

そして、今はナチュラルなインテリアが好きです。北欧テイストもいいなと思うし、少しインダストリアルの要素が入っているものも好き。たとえば、リビングのチェストの横に置いてあるスツールのアイアン脚や、ダイニングキッチンの黒い家電は、男前な雰囲気だったりします。

今の家は、これまで好きだったものが少しずつ残り、いろいろなテイストのものがミックスされたお気に入りの空間になりました。私らしさが反映されたインテリアだと思います。

シンプリストのキッチン収納

もともと、片付けも収納も大の苦手です。収納テクニックの本を何冊も買い、収納アイテムをそろえても全然片付かない。そのうえ、子どもたちの成長とともに、どんどんものが増えていくばかり。入りきらないものが床の上にも広がり、来客前にあわてて適当にしまい込む。収納棚にしまったはずの探しものも見つからない生活になっていました。

引っ越し前、古くなってしまったこともあり、使っていた収納アイテムをすべて処分。新居で空っぽの収納を見た私は、「なにをどこにしまえばいいのか…」と途方に暮れてしまいました。そこで、整理収納アドバイザーさんにお願いして、まずはキッチン収納を整えようと思ったのです。

整理収納アドバイザーさんに教えていただいたキッチン収納のルールは主に3つあります。

1つ目は「脳が疲れない収納」。これは最も印象深い方法でした。せっかくきれいに収納できていても、脳が疲れる収納になってしまうと、最初

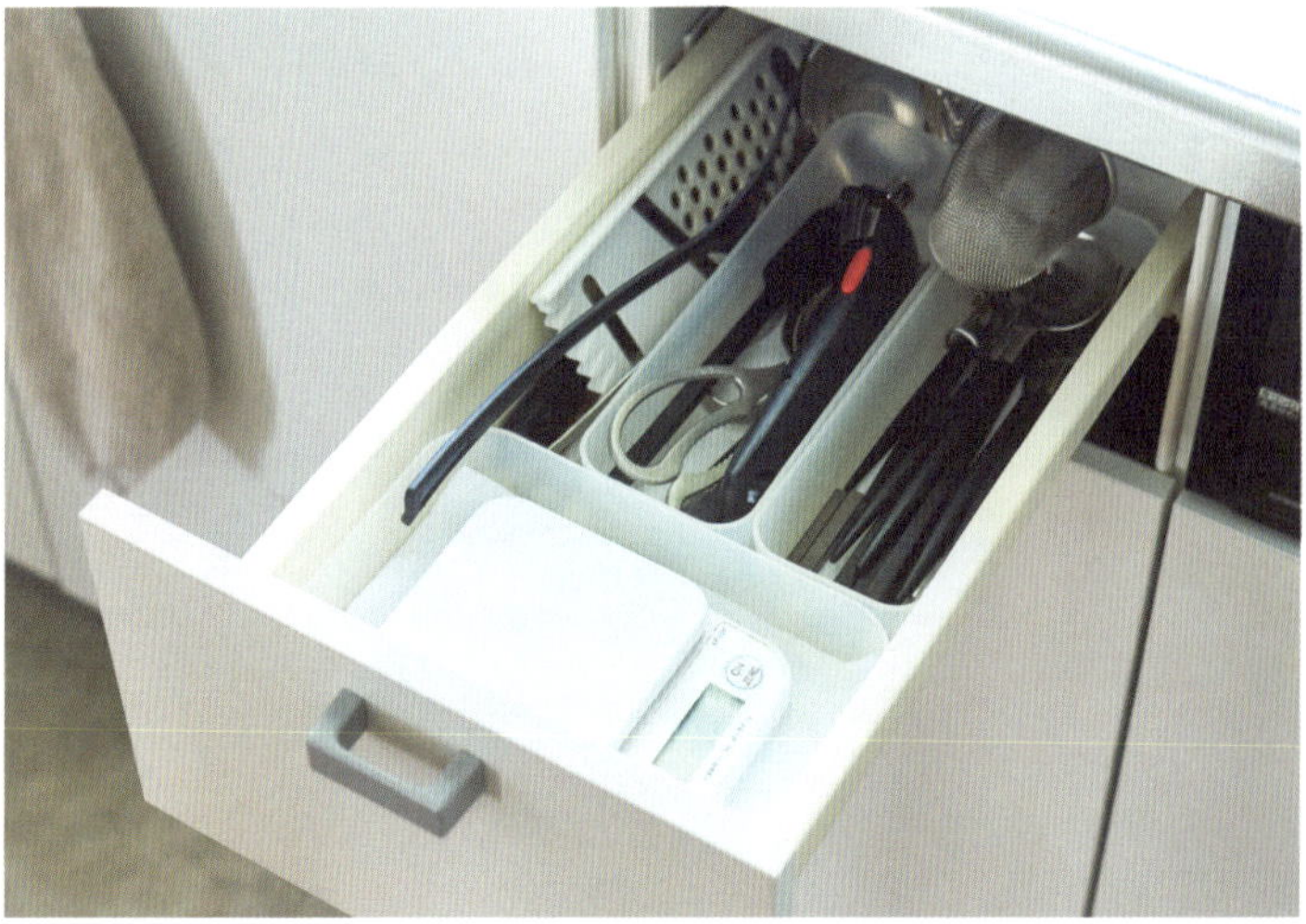

グリル横の引き出し。よく使う調理器具やスケール、カトラリー類など、最小限のものを「無印良品」のポリプロピレン整理ボックスを活用して仕分け

シンク下の収納は「無印良品」のファイボックスを活用しています。奥には日用品ストック、花瓶、保存瓶など使用頻度の低いものを収納

の状態が続かないとのこと。そのためには、ものを持ちすぎないことが前提で、使っていないものに加えて、なんとなく惰性で持っているものや家の雰囲気に合わないものも処分の対象に。さらに、脳に無駄な情報が入ってこないようにすることも大切。たとえば、収納アイテムの形をそろえたり、色を統一してシンプルな収納にするのがコツだそう。また、中身が見えない収納アイテムを選ぶのもいいそうです。中身が見える収納ケースを使うことでも脳は疲れてしまうと聞いて、びっくり。

そして2つ目は「使用頻度の高いものを手前に配置する」こと。アドバイザーさんは、まずキッチンの収納場所のサイズを測り、「無印用品」、「ケユカ」、「ニトリ」などからジャストサイズの収納グッズを選んでくれました。

奥行きのあるシンク下は、「手前はよく使うものを収納ボックスに、奥は使用頻度の低いものを置きましょう」とのアドバイス。以前の私は、奥行きをギリギリまで生かす収納をしなくてはと思い、かえって使いづらくしていたんだなと、ハッとしました。

最後の3つ目は「縦に区切ることで収納力が上がる」ということ。シンク下の収納は、高さや幅のバリエーションがある「無印良品」のファイルボックスを使用。紙ゴミ、缶やペットボトルのゴミも同じ形のファイルボックスに入れることで、統一感が生まれます。缶詰、保存容器、調味料類は低いボックスに入れることで中身が見えやすく、出し入れもラクになりました。また、シンク上の戸棚には、使用頻度の低いものを収納。取り出しやすい、「ケユカ」のハンドルつきのストッカーを使用しています。

ファイルボックスやストッカーを活用して「縦に区切る」ことで、収納力が格段にアップ。また、細かく区切ることで、ものがごちゃつかず、片付けやすく散らかりにくくなりました。

優秀な収納
バンカーズボックス

引っ越しのとき、収納棚など増えすぎた収納アイテム自体の処分に苦労したので、新たに購入するものはかなり吟味しました。

そこで見つけた収納アイテムが「バンカーズボックス」です。段ボール製の保管・収納ボックスで、主にクローゼットの中の収納に活用しています。丈夫で収納力がありながら、使わなくなったらすぐに資源ゴミに出せるというのが購入を決めた理由でした。

サイズもいくつかありますが、私が使用しているバンカーズボックスのサイズは2種類。深さのある大きいサイズ（703ボックス）のものには、季節外の洋服、普段は使わないバッグ、買いおきの食品や保存食、防災用品などを入れています。浅型のサイズ（743ボックス）には、ごちゃごちゃしてしまいがちな美容関係のものや趣味の手芸用品、プリンター関連用品などを入れています。

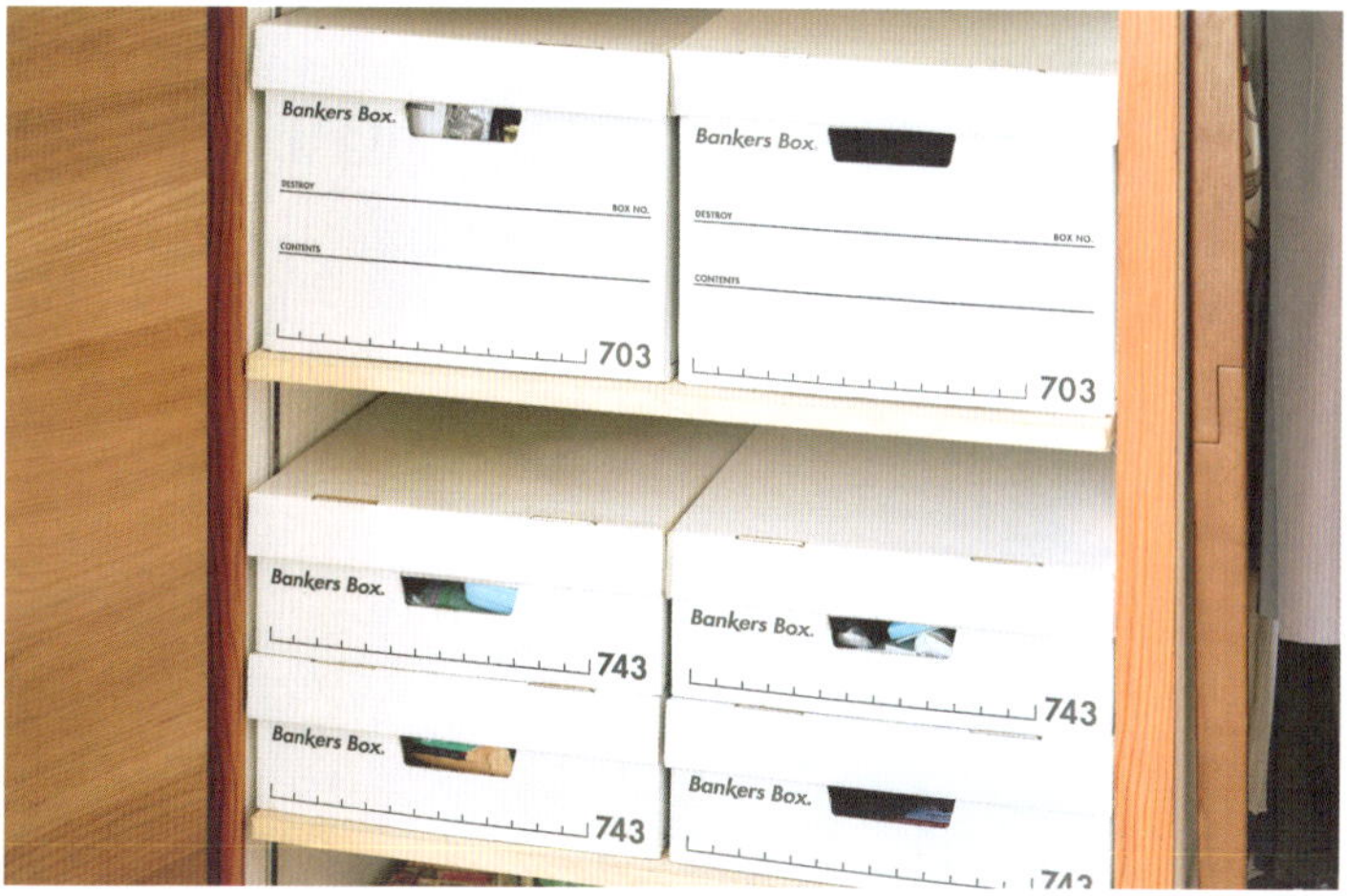

クローゼット内のバンカーズボックス収納。幅がぴったり収まりました

さらにバンカーズボックスの奥には、使用頻度がかなり低いものを収納しています。持ち手がついているので、ボックスを引き出すだけで奥のものがすぐに取り出せるのも便利です。

引っ越しから5年が経とうとしている今。キッチンもクローゼットもきちんと収納が整ったことで探しものが減り、動線もスムーズで、生活のストレスが解消されました。以前の生活を考えると、これはすごくうれしい変化だなと思います。

観葉植物との暮らし

シンプリストの私は、部屋に飾るものは最小限に絞っていますが、観葉植物だけは特別。ぼーっと眺めているだけでもとにかく癒やされるんです。まるで公園にいるみたいに。なかでも、小さな鉢植えから大きく育てることにワクワクします。

インテリアの勉強をしていたときに、部屋に１ｍ以上の植物があると、おしゃれに見えると知りました。それに憧れて、前の家から持ってきたフィカス ウンベラータを大きく育ててみることに。もともとは65㎝くらいでしたが、今では２ｍを超えて、リビングでいちばん大きな植物に成長しました。でも植物なら、背が高いものでも圧迫感はありません。

個人的に品種はフィカス（ゴムの木）が好きで、ほかにもフィカス ベンガレンシス、フィカス バーガンディ、カシワバゴムなどを育てています。フィカス バーガンディは１００円ショップで買った小さなものが、70㎝くらいに育ちました。

海外のインテリアを参考にして、日当たりがいい南側の窓際かつ、入り口から見て奥に、いちばん大きなフィカス ウンベラータを置いて、その横にソファ、そして中くらいのセロームを並べています。大きい植物は手前に置くと圧迫感が出てしまうので、奥側が鉄則です。さらに窓辺のチェスト上に小さい鉢を置き、手前に中サイズのものを床置きにしています。カーテンレールは、ホヤやディスキアをハンギングしたり、いろいろな高さに植物を並べて、空間にリズムが生まれるように。

鉢はシンプルなデザインのものを選んでいます。色は、白と薄いグレーのみ。グレーはソファやファブリックの色とも合わせています。

私にとって植物は、ワンちゃんやネコちゃんといったペットと同じような、家族の一員です。さらに心のバロメーターにもなっている気がします。忙しいときや心に余裕がないとき、植物がへなへなとしているのに気がついてハッとしたり。われに返らせてくれる存在でもあります。

植物好きのルーツ

いつから観葉植物が好きだったかというと…。小さい頃、休日になると本屋さんと植物屋さんをはしごするのが、父の定番コースだったんです。いつも一緒について行っていました。たまに「好きなもの買っていいよ」と言われて、自分で選んだ観葉植物を育てていました。私の地元も緑いっぱいの場所。観葉植物が好きな理由には、きっとそういう原体験が反映されているのかなと思います。

当時、父から「こうするとよく育つよ」と、コツを教えてもらいました。そのおかげで今でも楽しく育てられているのかなと思います。

鉢の植え替えなど、植物のお手入れは大変だと思っている方もいらっしゃるかもしれませんが、私はワクワクしちゃいます。上手に育てるポイントは、日当たり。南向きなど、できるだけ日当たりがいい部屋で育てるのが大事だと思います。なので、あまり日が当たらない寝室のベッド横で育てているストレチアは、こまめに日光浴させるようにしています。

また、水をあげすぎてもあげなさすぎてもよくないので、毎日葉っぱや土の様子を見て、水やりのタイミングを見極めるようにしています。鉢を持ち上げてみて、軽くなったタイミングでもいいと思います。

よくフォロワーさんからも「植物を育ててみたいけれど、虫がイヤ」という相談を受けます。私は「ベニカX」というスプレーを愛用していて、これがすごい！　虫を見かけたら、鉢をベランダに持っていって、土にスプレーするだけで小バエがわかなくなります。発生しているのもいなくなるし、虫対策にもなるし、おすすめです。もし虫が気になって植物との暮らしを踏みとどまっている方がいたら、ぜひ試してみてください。

厳選した食器たち

**来客用の
取り分け皿**

白いお皿は上海の食器市場で買ったもの、青いお皿は昔カタログギフトで選んだもの。こちらも来客用で使っています

**「ウェッジウッド」の
カップ&ソーサー**

20年くらい愛用している来客用カップ。表面がさりげなく浮き上がっていて、立体感のあるデザインがお気に入りです

**普段使いしている
お椀**

シンプルで使い心地のよいお椀です。毎日のおみそ汁を飲むときに使っています。こちらも前の家からそのまま持ってきました

**砥部《とべ》焼の
小鉢セット**

お鍋用の取り鉢として使っています。前の家から持ってきたので、子どもたちの分などもそのままで数が多めです

お気に入りの食器棚

引っ越し前から集めるのが大好きだった器。厳選して新居に持ってきました

「リセノインテリア」で見つけた食器棚。木の天板や引き出しを基調に、サイドのアイアンフレームがアクセント

カゴの中身はお茶関連のもの、植物関連のもの、薬やサプリメントなど

少しのお気に入りがひとりの食卓を彩る

昔から食器を集めることが大好きで、前の家には本当にたくさんの食器があったんです。引っ越し前の片付けで、大量に手放しました。処分したものは主に、家の雰囲気にテイストが合わないもの、収納するときにかさばるもの、古くなってかけやヒビが入っているもの。どれも愛着があったので、なかなか大変でしたが…。

20年ほど前は、「ロイヤル コペンハーゲン」や「ウェッジウッド」などブランドものの食器が好きでした。今も来客用に、カップアンドソーサーを残しています。それからシンプルな白い器が好きになり、形違いでさまざまな白い器を集めていました。今は和食器がしっくりきます。「和食器なんて」と昔は思っていましたが、気づいたら大好きになっていました。趣味の陶芸でつくるのも和食器です。人って変わるものですね。

P.56で紹介したのは、前の家から厳選して持ってきた器たちです。

陶芸で器づくりをするとき、がんばっても同じサイズのものを量産することが難しいんです。なので、来客用のものや取り分け皿など同じサイズが複数枚必要なものは、前の家から持ってきました。お椀など、自分ではつくれないものの。家族と暮らしていた頃の量をそのまま持ってきたので、数は多めです。陶器の色が白と青のものだけ残しました。

前の家から持ってきた器と自分でつくった器。ひとり暮らしにしては、持っている器の量は多めかもしれませんが、私にとっては最小限です。どうしても、ひとりの食事は味気ないものになりがちなところを、お気に入りの食器で楽しめたらと思っています。

また、食器棚のカゴに収納したお茶関係のもの、薬やサプリメントは、それぞれのカゴに収まるだけの量と決めています。器も引き出しに入る分だけというふうに、個々の収納スペースごとに適正量を決め、できるだけ増やさないようにしています。

陶芸でつくった器ギャラリー

5年ほど前から通い始めた陶芸教室。もともとは友達と一緒に通っていて、その友達は「私には向かないわ」と言って途中でやめてしまったのですが、私は楽しかったのでそのまま続けています。今は月に1、2回のペースで通っています。

陶芸で「こんなサイズ、こんな形のお皿が使いやすいな」と思うものを少しずつ増やしています。いつも理想の形をイメージしながら手を動かしますが、これがなかなか難しいんです！　土と釉薬の色のかけ合わせによって仕上がりが変わるので、毎回実験みたいに楽しんでいます。

ひとり暮らしになり、つくりおきした少量のおかずを何種類か食べるスタイルになったので、自分でつくった直径20㎝の平皿が大活躍しています。そのほかは、少し高さのある小皿を組み合わせることが多いです。

今まででいちばんの大作、土鍋。陶芸の先生がかなり手伝ってくれましたが、理想の形になりました。お鍋やおでんに

片口がポイントの、大きめなお皿。朝食やワンプレートランチに

お花のような形に仕上げた小皿。豆菓子など入れてもサマになります

抹茶茶碗。想定より小さくなってしまい、茶筅《ちゃせん》が回りにくいです（笑）

ティーポットは筒のようなシルエットとシックな黒がお気に入り

〝制服化〟で すっきりクローゼット

昔から、おしゃれは得意ではありませんでした。会社勤めをしていた20代の頃は、毎月ファッション雑誌を読んでいた私。その後、第一子の息子が生まれて家庭に入ってからは一転して、デニムとTシャツばかりに。第二子の娘が小学生になって仕事を再開してからも、出勤するときは当時働いていたエステサロンのユニフォーム、休日は引き続きデニムという生活。おしゃれとは無縁の日々でした。

ところが、5年前に自分のエステサロンをオープンし、毎日私服で通勤することに。子どもが生まれてから24年間、服やおしゃれのことを考えずに過ごしてきたので「なにを買って、なにを着たらいいのだろう…」と、悩んでしまいました。そんなとき、ネットで〝私服の制服化〟という文字を見つけて、「これだ！」と思い、取り入れてみることに。着るものを決めてしまえばラクになると思いました。

押し入れをリフォームした奥行きあるクローゼット。服はここに収まる分だけ所有するようにしています

制服化するアイテムは、1着でコーディネートが完成するワンピースに決定。冬用ニット、春秋用の長袖トップス、夏は半袖やノースリーブ。色や形、雰囲気がなるべく違うものを選び、季節ごとにそれぞれ5着ずつくらいを目安にそろえていきました。ロングのタイトスカートに、シンプルなブラウスや薄手のニットを合わせるときもあります。

現在持っている冬用の服を数えてみたら、ワンピース5着、ニット5着、スカート5着、コート2着、ジャケット1着、デニムパンツ1本でした。

以前の私は、おしゃれが得意ではないのに「いろいろなデザインや色の服を持っていないといけない」と思い込んでいました。それにより管理が大変なほど服があふれ、コーディネートを考えるにも時間がかかっていたのだと思います。

ブランドにはとくにこだわりがありません。「ユニクロ」や「GU」も着るし、プチプラのお店もデパートも、値段はあまり関係なくて。いいなと思ったら買います。なかでも「coca」で見つけたタイトスカートがとてもよくて、翌年に同じものが販売されていたのでリピート買いしちゃいました。なんと1300円くらいです。

セールも楽しいのですが、たとえお得に買ったとしても「どうして買ったんだろう?」と思うこともしばしば。結局、着なくなってしまうことも多いので、できるだけ行かないようにしています。

アクセサリーは普段用とお出かけ用に分けてお気に入りを少しだけ。ビーズの指輪は手づくりです

くつ下は「無印良品」のライトグレーのスニーカーソックスのみ。すべて同じものでそろえています

現在は「◯◯の人」といった形で、自分の定番スタイルをいくつか設定し、毎日の服装を決めています。たとえば私の場合、「ワンピースの人」「タイトスカートの人」「白いトップス多めの人」「サイドゴアブーツの人」です。

こんなふうに季節や年齢を重ねることによって、定番が変化していく過程まで楽しんでいます。そうすることで、買い物をするときに悩んだり、買いすぎたりしてしまうこともありません。買っても着ないということが、ほとんどなくなりました。

定番といえば、バッグや靴、アクセサリーも気に入ったものを厳選しています。普段つけているのはピアスのみで、毎日同じもの。そのほか、お出かけ用は決まったピアスとネックレス、趣味のビーズでつくった指輪をつけます。

くつ下は「無印良品」のライトグレー色のスニーカーソックス一択です。同じものを6足くらい買っています。冬はブーツを履くので、「ユニクロ」の厚手と薄手タイプのヒートテックタイツを。ものも増えないし、悩まないので制服化につながります。

ひとり暮らしを機に始めた持たない暮らしが快適だと感じ、身につけるものも「お気に入りを少しだけでいい」と考えるようになりました。

この先、さらに年齢を重ねることで、価値観が変わってくる部分もあると思います。定番も少しずつ変化していくかもしれません。今はモノトーンの服ばかりですが、きれいな色の服を着こなしている方に憧れもあります。

これからも自分が心地いい距離感で、ファッションとつき合っていけたらと思います。

春夏秋冬のコーディネート

Summer

さらりとした着心地の「アダム エ ロペ」のワンピース。黒のワンピースに白いカゴバッグを合わせるのが、夏の定番です

Spring

ブラウスはネットで購入、スカートは「ロペ」のもの。春らしいくすみグリーンの色味と、タイトなシルエットがお気に入りなんです

Winter

ロングワンピースは「スピックアンドスパン」、ストールはネットで購入しました。明るい色の小物をアクセントに

Autumn

スカートはP.65で紹介した「coca」のもの。同じデザインをリピ買いしました。薄手のニットは「グリーンレーベルリラクシング」

たたまない収納で効率化

今の住まいの主な収納はひとつ。大家さんが寝室にある押し入れをリフォームした、奥行きのあるクローゼット（P.63参照）です。今は、この備えつけのクローゼットに収まるものの量をキープしながら、収納もコーディネートを考える時間も、より効率化できるように心がけています。


家事に仕事、子育てを並行していた頃、洗濯してからたたんで収納するまでの作業を効率化できたらと思い、いろいろと試行錯誤してきました。

現在、洗濯機に乾燥機能がなく天日干しなので、「干す作業」と「しまう作業」が発生します。そこで、かけて収納する服は、クローゼットで使用するハンガーにかけて干すように。こうすれば、乾いたらベランダからそのまま移動するだけで済みます。

たたむ手間もなるべく減らしたかったので、かけてもたたんでもいい服はハンガーのまま収納するようにしています。ハンガーは、見た目がすっきり統一できるところが気に入り、「ＭＡＷＡハンガー」を愛用中。

それ以外のたたむ洗濯ものは、ベランダから取り込むと同時にたたんでしまいます。取り込んだまま山になった洗濯ものを何日も積み上げてしまう…という経験を経て、この方法に落ち着きました。立ったままたたむので、ピシッとできていなくてもＯＫ。ただ、20年以上この方法を続けているので、だいぶ上手にはなっているかなと思います（笑）。

また、ひとり暮らしになってから変わったこともあります。下着やくつ下などの小物類は、洗濯機の近くにかけている小さめの物干しハンガーに干したままにして、そこから使うようにしたことです。洗濯機周りの見た感じが少しごちゃつきますが、手持ちの枚数自体が少ないので、たたんでしまうよりも時短に。これも家事の手間の省略にひと役買っています。

今思うと、なるべくたたまない収納も私服の制服化も、家事や仕事、子育てで忙しくするなかで、どうやって自分の時間を確保しようかと考えた結果だったのかなと思います。

数少ない愛用バッグをご紹介

春夏用カゴバッグ

メキシコの伝統的な技術により、再生プラスティック素材で編まれたもの。日傘についていた黒のタッセルを持ち手につけてアレンジ

秋冬用ナイロン製バッグ

とにかく軽い！　短い持ち手もついているので、使い勝手抜群。どんな服にも合い、季節問わず活躍してくれます

シンプリストのバッグの中身

体への負担を考えて、荷物は最低限＆軽量化。中身は財布、スマホ、ハンカチ、手帳、ポーチ。財布やスマホケース、手帳カバーは白で統一することですっきり見えます

バッグは軽く、荷物は最低限

以前は、その日のコーディネートや行き先に合わせていくつものバッグを使い分けていましたが、今はシーズンごとにひとつのバッグだけを使います。洋服同様に、バッグも制服化しました。春夏は「Viva la Vida」のカゴバッグを使っていて、それ以外のシーズンは「ヒロコハヤシ」のナイロン製のななめがけバッグ（P．72参照）を愛用中です。

それに加え、年齢を重ねたことで、だんだんと体への負担が少ない快適なものや機能的なものに目が向くようになりました。

たとえば、バッグは「肩にかけられるけれど軽いこと」を基準に選ぶようになりました。これは肩こり防止と、疲れないようにという意識が大きかったように思います。

50代にもなると、とにかく肩こりが気になるんです。以前インスタグラムでバッグに関する投稿をしたとき、まさかの共感の嵐。「ナイロンが軽くていいよね～」とか、みんなで盛り上がりました（笑）。

毎日同じバッグを持つことで、中身は入れっぱなしでOKに。中身の入れ替えが発生しないのでラクですし、バッグを変えたときに忘れ物をする心配もありません。持ちものも必要最低限にして、身軽に出かけています。

また、バッグの中身も「大ざっぱなくらいがちょうどいい」と思っています。主な中身は、財布とスマホ、ハンカチ、手帳、ポーチ。ポーチの中にはイヤホンやペン、リップ、目薬が入っています。

荷物が最低限になったのも、現在の持たない暮らしの影響だと思います。昔は、バッグが大きければ大きいだけ荷物を入れていましたから。

ほかには、引っ越し前から持っているブランドもののレザーバッグを残しています。あとはたまに雨の日は、水や汚れに強い素材の機能的なバッグを持つこともあります。

ズボラの紙もの整理術

片付けや収納が苦手ということはここまでにお伝えしてきたとおりですが、紙ものの整理も大の苦手です。ポストの中に入っていたチラシやＤＭは、「いらないな」と思ったら、できるだけそのまま捨てるようにしています。一応、部屋の中には持ってきて、確認したらすぐゴミ箱へ。

とっておくものや保留したいものは、ソファの下に置いてある「なんでもボックス」にポイポイ入れて保管するようにしています。

今ボックスになにが入っているか、久しぶりに開けてみますね。毎年買っている占いの本。これはたまに開いて読んでいます。あとはなにも書いていないノート、ＤＭ、領収書、健康診断の控え、文房具など…けっこうごちゃごちゃと入っています。

ソファに座っているときに確認ができるので、こまめに整理していると思いきや…どんどん書類がたまっていって、ボックスのフタが浮いて閉ま

リビングのソファ下の「なんでもボックス」。いっぱいになったら整理します

らなくなってから、ようやく整理をする大ざっぱな私です（笑）。

また、片付けのスイッチが入りやすい年末などのタイミングにも、期限ぎれのハガキや不要な書類を見直すようにしています。

「ひとまずここに入れちゃえ！」と、ポイポイ入れられる保管ボックスを設けると、ラクはラクです。細かいものを探すときは、まずこのボックスから探すとだいたい見つかります。この中に入っているだろうという安心感がありますね。

Q&A
フォロワーさんからの質問に答えます

インスタグラム@ohitorisama_kurasiで、おひとりさまの暮らしを発信中。

募集したら、さまざまな質問が集まりました。

Q 女性のひとり暮らし、防犯対策はしていますか？

A 2階以上に住む、洗濯ものに気をつける

２階に住んだことがなによりの防犯対策かもしれません。あとは定番かもしれませんが、明らかに女性ものだとわかる洗濯ものは見えない位置に干すようにしています。また、路上からベランダが見える位置を確認して、目隠し用シートを貼っています。風は通してくれるので、便利ですよ。

Q 宝物ってなんですか？

A 観葉植物と捨てられなかった茶壺

観葉植物は大切に育てています。それから茶壺は、引っ越し前の片付けでもどうしても手放すことができず、薬箪笥の上に飾っています。昔は多くのものを持っていましたが、引っ越し前の大がかりな捨て活を経て、今はものに対する執着がすっかりなくなったと感じています。

Q リラックスタイムにどんな飲み物を飲んでいますか？

A お茶が好きです。豆乳で割ってアレンジも

以前、フォロワーさんからなた豆茶が体にいいと教えてもらいました。水出しでつくっておいて、冷蔵庫に常備しています。温かいドリンクでは、「カルディ」のシナモンティーと、「生活の木」のルイボスバニラモカが最近のお気に入り。どちらも豆乳で割って、ラテで飲むのもおいしいんです。

Q 体調が悪いときはどのように過ごしていますか？

A とにかく睡眠をたくさんとります

接客業なので、日々の食事に気をつけたり、睡眠時間をしっかり確保したりして、体調管理を徹底しています。それでも体調を崩してしまったら、とにかくたくさん寝るのがいちばん！ 時計を１時間早めたつもりで、食事やお風呂を前倒しで済ませて、早めに寝るように心がけます。

第3章

50代ひとり暮らしの仕事・健康

エステティシャンという仕事

5年前、女性専用エステサロンをオープンし、エステティシャンとして独立しました。ここでは、私の仕事のことについて少しお話ししたいと思います。まずは、私がエステティシャンになるまでの経緯から。

私くらいの世代は、周りのママ友も専業主婦が多かったように思います。今のように共働きが当たり前ではなく、子どもが小学生くらいになって子育てが少し落ち着くと、パートに出ていくのが一般的でした。

社会人になりたての頃は会社員をしていましたが、結婚を機に専業主婦になった私。息子が小学6年生、娘が小学2年生になったときに、「また働きたい」と思うようになりました。もともと、家にずっといるのは苦手なタイプ。キノコが生えてきそうな気がしちゃって。

それが35歳を過ぎた頃だったと思います。ママ友たちも、みんなパートを始めているようなタイミングでした。

なぜエステティシャンの仕事を選んだのかというと、きっかけは私の母の言葉です。母は私が小さい頃から「女性は手に職をつけなさい」とよく言っていました。実際に母はミシンができる人で、その専門技能を生かして裁縫などの仕事をしていました。定年退職してからも個人で受注したり、仕事を続けていたんです。母は専門技能が役に立ったと思っているから、私にもそういうふうに声をかけてくれたのだろうと。なんとなくそのことが頭に残っていました。

また、今思い返すと「経済的に自立したい」という気持ちも強かったように思います。当時、家族に働くことを反対されていたのですが、たまたま求人広告で見つけたエステティシャンの仕事なら、短時間でも働けて家事と両立できるということも大きかったですね。

そんな理由が重なって、直感でエステティシャンの仕事を選びました。

エステティシャンになる前の私は、ものすごく対人関係が苦手だったんです。接客業ということに気づかず、施術をがんばればいい仕事と思って就いてしまって…。最初の頃はダメダメでした。上司に「人当たりはいいけど、固定のお客さまがイマイチ増えないね」と言われたりして。

私の基本的な性格は、単純作業のお仕事が向いていると思います。同じ作業を繰り返すことが苦じゃないからです。最近、娘に教えてもらったMBTIという性格診断をやってみたら〝内向的なタイプ〟と出て、すごくしっくりきました。

お客さまのなかにはあまり会話をせず、リラックスしたいという方もいらっしゃいます。私はお客さまのお話を聞くことも好きだったので、そういうスタイルを続けていたら、勤め始めてから3、4年でぐいーんと私を指名してくださるお客さまが増えました。苦しさから抜けたのはそのときかな。最初に挫折せず、続けてきてよかったなと思った瞬間でした。

自分のエステサロンをもつことを考えたきっかけはコロナ禍でした。以前、仲のいい先輩が独立し、「あなたも独立したらどう？」と声をかけてくれても、そのときは「独立なんて絶対無理！」と思っていたのですが…。当時、働いていたのは比較的大規模なサロン。施術以外の業務も多かったので、「もっとこぢんまり、お客さまと丁寧に向き合いたいな」と思うようになったんです。そこで思いきって独立を決意しました。

エステサロンをオープンした5年前はちょうどコロナ禍真っ最中。閉業してしまうサロンも多かったみたいで、エステの搬入業者さんに「どうしてこのタイミングなんですか？」と言われたことも。それでも「きっとなんとかなる」と、不思議とポジティブに考えていました。

昔からずっと変わらないのですが「お客さまのお役に立ちたい、元気になってもらいたい、楽しくなってもらいたい」という気持ちでエステティシャンを続けています。心身ともに癒やされてくれたらうれしいですし、私もお客さまに元気をもらっています。

美容とメイクのこと

普段、エステの施術しているときはマスクをしているので、あまり濃いメイクはしません。目元と眉毛を軽く整える程度です。まつ毛エクステをしているので、それで少しごまかしている感じですね（笑）。メイク直しもほとんどしません。

昔はとにかく顔の皮脂を抑えたくて、リキッドファンデーションを塗って、パウダーのせて…とバッチリメイクだったのですが、悲しいかな年齢とともにファンデーションが崩れやすくなってきてしまって。肌年齢に合わせて、薄めのメイクになってきたのかなと思います。

また、毎年お盆やお正月になると娘が帰ってくるので、「どんなメイクを取り入れたらいいかな？」と聞いて、その都度アドバイスをもらうように。最近も「今はアイシャドウを目の上だけじゃなくて、目の下にも入れるんだよ」と教えてもらったりして。手ほどきを受けています。

スキンケアに関しては、かつて仕事で美容法や基礎化粧品の勉強をしていた時期があったので、そのときの知識を今でも活用しています。大切にしていることは、「日焼け止めを必ず塗ること」「保湿をしっかりすること」の2つです。

私は皮膚が薄いほうで、乾燥肌が悩みです。スキンケアでしっかりと油膜を張らないと肌がかゆくなってしまうことがあるので、夜もギトギトするくらい、クリームなどで念入りに保湿するようにしています。

あとは、フェイスパックをする習慣も欠かせません。入浴後や洗顔後、シートパックをして、上からシリコンマスクをかぶせて、髪の毛を乾かしたり、家事をしたりします。蒸発を防いでくれるので保湿効果が抜群ですし、家事をしながらでもシートパックがずれないのでおすすめです。シリコンマスクは100円ショップで購入することができます。

シートパックは、ナイアシンアミドや高濃度ビタミンC配合でエイジングケア向けということで選びました。主に、「美肌」と「アンチエイジング」に効果のある成分が配合されているかをチェックします。

また、仕事柄お客さまのお肌をさわるので、ネイルはしたくないなと思っています。代わりに爪やすりで、爪の表面を磨くケアは欠かしません。1週間~10日に1回くらいのペースで、爪のツヤがなくなったら磨くようにしていますね。

そして現在の私のヘアスタイルはショートです。40代のときから、「50歳になったらショートヘアにするぞ!」と決めていて、3年前にバッサリ切りました。それまで長い間、ロングヘアだったんです。

ショートカットが得意な美容師さんを娘がSNSで探してくれて、今もそのサロンに通っています。

爪やすりで爪の表面を丁寧に磨いてネイルケア。ものすごく簡単にできます。マニキュアを塗らなくても、ピカピカの爪に

洗顔後、フェイスパックをすることが欠かせません。その上からシリコンマスクでフタをすると、保湿効果が高まる気がします

更年期、私の場合

48歳頃から汗の量が増えたり、暑く感じたり。更年期の症状は人並みかなと思うのですが、いちばん大変だったのは、「へバーデン結節」で指の痛みがひどくなってしまったことでした。

もともと「へバーデン結節」による指の痛みの症状は40歳のときからあり、漢方薬で治療をしていたのですが、あるときを境に悪化してしまいました。しかも自分のサロンをオープンしてから、すぐのこと。エステティシャンの仕事では、たくさん指先を使います。夜ズキズキして眠れないくらい痛くて、とてもショックでした。

病院で診てもらうと、やはり原因は更年期。漢方薬をやめて、腰骨のあたりにパッチを貼って、週に2回貼り替えるホルモン治療を提案していただきました。治療を始めた途端に、痛みがぴたっと治まり思わず安堵。悪化したときは、閉業まで考えたので、治療がうまくいって本当によかったです。現在は3か月に1回通院していて、お医者さまには「60歳までがんばりましょう」と言われています。

現在50代の私は、ちょうど体調やライフスタイルが変化する時期。そういえば、エステティシャンの仕事に就いた30代の頃の話です。そのときに出会った60代のお客さまたちは、趣味や旅行などをいきいきと楽しまれている方が多かった気がします。「60代って元気だな。仕事や子育てに疲れ果てている私より元気かもしれない」と思いました。

60代に元気な方が多いというのは、体の勉強をするうちに、更年期以降のホルモンの影響とわかり、納得しました。「これからさらに元気になれる未来が待っている」とポジティブに考え、老後を見据えて、自分で自分をごきげんにできるよう楽しんでいきたいと思っています。

健康オタクの運動習慣

体によさそうなものが大好きな健康オタクです。90代になっても姿勢がよく、颯爽と歩ける体が私の目標。

仕事が肉体労働なので、寝る前にストレッチをして、体のこりをリセットするようにしています。腰やおしりをほぐしたり伸ばしたりするだけで、睡眠の質がよくなる気が。かれこれ10年くらい習慣になっています。

姿勢を正すことにも気をつけていて、普段から骨盤を立てておなかに力を入れることを意識しています。エステの施術中は力を入れると、ついつい肩が前に入り背中が丸まりやすくなるので、ストレッチポールを使って背骨を伸ばしています。

また、年齢とともに歩幅が狭くなるというのを聞いたことがありますか？　歩幅が狭くなると、筋力が落ちてしまうそうです。それを防ぐため、今のうちから意識して大股で歩くようにしています。

じつは運動音痴なのですが、1年くらい前から週2回ペースでジムにも通い始めました。トレーニングを続けていることで、疲れがたまりにくくなったことを実感。マッサージに駆け込む回数も減った気がします。

歳を重ねることは、変化や不調と向き合うということ。私も更年期に入り、ひしひしと体の変化を感じています。それはさみしいようであり、年齢を重ねたがゆえの開き直りのような気持ちもあり。そういった変化を受け止めながら、颯爽と歩けるおばあちゃんを目指していけたらと思います。

健康の秘訣は、良質な睡眠時間

50歳になった頃から、中途覚醒や早朝覚醒が現れるようになりました。毎日7時間は寝たいので、朝7時にアラームをかけていますが、5時台に目が覚めてしまうことが増えたのです。

おそらくこれはホルモンバランスからくる症状。最初は「更年期のせいだからしょうがない」とあきらめていました。ですが、仕事に生かせればと体について勉強するなかで、自律神経を整えリラックスすることで、睡眠の質が改善できると知りました。

私自身、もともと睡眠時間が短いと調子が悪くなり、仕事のパフォーマンスが一気に落ちます。できるだけ自分がベストな状態でお客さまと接したいと思っているので、ぐっすり眠れるように工夫しています。

たとえば、夜は明かりをリビングの間接照明とスタンドライトの2つにして、薄暗いなかで過ごします。こうすると、気持ちが休まり睡眠のスイッチが入る気がするんです。電気代も節約できて一石二鳥かも（笑）。

そして、スマホをさわる時間を、夕食までの時間と入浴中（長風呂派です！）と決めました。さらに、寝る15分前からスマホ画面はなるべく見ないように心がけています。

寝る前はＹｏｕＴｕｂｅで心地よい声のラジオを流しながらじっくりストレッチ。このルーティンのおかげか中途覚醒が減り、気持ちもリラックスできるように感じているので、現在も継続中です。また、カフェインも夜には摂らないようにしています。

リラックスして眠りにつくために、香りの力を借りることも。寝る前にお香を焚いたり、枕元には「生活の木」で買ったアロマオイルを置いています。お気に入りの香りをたくさんコレクションしているんです。

ベッドリネンにもこだわっているほうだと思います。寝具は「スリープテイラー」の天然素材のものを使用。私は布団に重みがあるほうがよく眠れるので、寒い季節は加重ブランケットも導入します。とにかく睡眠命です！

「生活の木」で購入した柑橘系のアロマオイル。フタがヒノキでできていて、置いておくだけでふんわり優しく香ります

愛用のお香コレクション。「松栄堂」のお香は３種類ほど持っていて、とくにお気に入り。落ち着く、白檀ベースの香りが好きです

おひとりさまのリアルな食事

通っていた短大では食物科でした。息子を妊娠するまで料理教室に通っていたこともあり、もともと料理をすることは大好きなんです。しかし…子育てしていた頃を思い返してみます。

小さいころから食が細かった息子と娘。栄養面も気になるし、たくさん食べてもらいたかったんです。なるべく同じようなメニューが続かないように気をつけたり、味つけを工夫したり、子どもたちが好きな洋食が多めになるようにしたり、毎日試行錯誤していました。さらに息子から「つくりたてを食べたい」というリクエストも。仕事帰りの電車の中で、献立と料理の段取りを考えておいて、帰宅後に30分間で4品つくるなど、時短も意識していました。当時は仕事が忙しかったこともあり、日々の料理は〝義務〟のようになっていた気がします。でも、ひとり暮らしになった今、料理をすることがまた楽しくなりました。

子どもたちが大人になってから、「ママの味と言えばなに？」と聞いてみたら、2人とも口をそろえて「ない！」って言うんです…。あまりにもいろいろなものをつくりすぎたみたい（笑）。ですが、この大変だった子育て期間に、目分量など料理の勘や段取りが鍛えられたなと思っています。

ひとり暮らしになり、自分のためにつくる食事はもっぱらシンプルになりました。煮ものや炒めものなどの和食が中心です。また、月に2回、実家からの仕送りで野菜が届くので、それを活用したつくりおき生活を続けています。

なぜ、つくりおきをしているかというと、仕事で疲れてヘトヘトになって帰ってきて、料理をしたくないからです。元気があるときや、時間に余裕のあるときにつくっておけば、温めるだけですぐに食べられます。そうすると、料理をするのが義務ではなく、より楽しいものになります。

つくりおきを始めてから、食費もそれまでの半分以下に。「家に帰ればすぐに食べられるものがある」と思うと、仕事帰りの寄り道も減り、ついでに必要ないものを買うことが少なくなったことも大きいと思います。

仕送りを活用したつくりおき

毎月第2、第4水曜日に農家をしている実家から届く仕送り。旬の野菜をたっぷり入れてくれるので、すべて使いきれるようにレシピを組み立てます。

ある日の仕送り野菜

ピーマンやししとう、ネギ、大根、カボチャなど、実家の畑で採れた野菜が豊富に

10分で2品完成 つくりおきレシピ

私の定番メニュー。「鶏もも肉の照り焼き」と、実家からの仕送りでシンプルな「野菜の塩焼き」をつくります。

材料（約4食分）

●鶏もも肉の照り焼き
鶏もも肉…610g
（一口大にカットされたもの）

【タレ用】
しょう油…大さじ2
みりん…大さじ1
酒…大さじ1
ラカント…大さじ1/2

●野菜の塩焼き
ししとう、ネギ…各適量
だし塩…適量

つくり方

① ネギとししとうをフライパンの上に並べ、だし塩をふり弱火でじっくり焼く。

② ①を焼いている間にお肉を仕込む。鶏肉に塩（分量外）をふって、1個ずつペーパーで水気を取る。別のフライパンで皮から焼いて、焼き目をつける。

③ 途中、ネギとししとうをひっくり返す。両面に焼き目がついたら火を止める。

④ お肉に焼き目がついたら、ペーパーに脂を吸わせる。フタをして、しっかり火を通す。タレ用の調味料を加え、中火で水分を飛ばして完成。

前のページで紹介したように、仕送りの野菜が届いたその日から2日後までのうちに、6品ほどつくりおきを仕込みます。半日で一気にまとめて仕込む日もあれば、隙間時間にさっと1、2品つくる日もあります。

つくる量は、子どもたちと一緒に暮らしていた頃と変えていません。たとえばお肉は600gなど、お得用の大きめパックを買ってきます。調味料の量など勘も働くので、同じ分量でつくるほうがスムーズなんです。お昼はつくりおきをお弁当にして職場に持っていったり、いったん家に帰ってきて食べることも。だいたい3～4日で食べきるようにしています。

ご飯は4日分の約3合をまとめてティファールの鍋で炊いて、そのまま鍋をおひつ代わりにして冷蔵庫で保存。おみそ汁は、そのときに冷蔵庫にある野菜を具材にして、多めの量をつくり、鍋ごと冷蔵庫で保存しています。ご飯とおみそ汁は食べる直前に温めるだけなので、時短にもひと役買ってくれています。

買い物は週に1～2回、なるべく冷蔵庫の中のものを使いきってから行くようにしています。残り少なくなった食材でつくれるメニューを考えるのも、ゲームみたいで楽しいです。おかげで、食材をムダにしてしまうこともなくなりました。

調味料は、小さめサイズで、いろいろな料理に応用ができるものを愛用中。冷蔵庫のドアポケットに収納しやすいのもメリットだと感じています。さらに、つくりおきを通じて日々の食事と向き合うようになったせいか、なるべく添加物の少ないものを選ぶようになりました。

また、ひとり暮らしをする前はお弁当のおかずや軽食のストックとして欠かせなかった冷凍食品も、今はほとんど食べなくなりました。お肉やお魚も冷凍せずすぐに使いきるようにしているので、冷凍庫は入れるものがなくガラガラに。代わりに、500㎖の空きペットボトルに水道水を入れて凍らせています。非常時用です。飲料用水は別で用意しているので、洗いものや観葉植物の水やりなど、非常時の足しになればと思っています。

15年食べ続けている朝ごはん

15年間以上、朝食のメニューは変わらず、納豆ご飯、目玉焼き2つ、おみそ汁と決まっています。メニューを固定したことで、朝食から身支度までの行動がルーティン化。時間を有効に使えるようになったと感じています。普段の買い物も、冷蔵庫の納豆と卵の残り個数を見て買い足すだけ。悩むことがなくなったのも大きなメリットです。

目玉焼きを2つにしているのは、たくさんタンパク質を摂るため。私の場合、朝食でタンパク質を摂っておくと、日中しっかり体を動かすことができるし、疲れにくいという実感があります。健康な肌づくりにもいいのかなと思います。

ご飯は、いろいろと試してみた結果、今は同量の白米と玄米に、もち麦や雑穀米、大豆を一緒に炊くことが多いです。ただ、「必ずこの配合で」といったルールは決めていません。白米と玄米をベースに、そのときにあるものを足す、という無理のないスタイルで継続できるようにしています。

エステティシャンの仕事は体力勝負なので、朝食はパンよりも腹もちがいいと感じるご飯を選ぶようになりました

納豆には、お酢と亜麻仁油（またはエゴマ油）を小さじ2杯ずつくらい入れています。お酢を入れると、カルシウムや鉄分の吸収がよくなるというのをテレビで観てからさっそく実践。納豆のにおいが和らいで、食べやすくなったので続けています。亜麻仁油は、ダイエットや体にもいいと聞くけれど、なかなか毎日の習慣にするのは難しかったので「毎日食べる納豆に入れてしまおう」と思い、入れるようになりました。

そのほかにも、抗酸化作用があるというゴマをご飯にパラリ。カルシウムやクエン酸が豊富な梅干しを1粒追加するのも鉄板。そこに、普段多めにつくっているおみそ汁を温めて、私の朝ごはんが完成です！

体は、食べたもので変わっていくと思います。これからの健康のために、無理なく取り入れられる習慣を続けていきたいです。

Q&A
フォロワーさんからの質問に答えます

Q 幸せを感じるときはどんなときですか？

A なに気ない日常が幸せです

ソファに座って植物たちを眺めたり、お手入れをしているとき。おいしいものを食べたとき。出勤しながらふと上を見上げたら、空や雲の流れがすごくきれいだったとき。あとはお風呂に入るときも幸せです。自分で自分をごきげんにする方法がわかってきて、幸せを感じる瞬間が増えました。

Q 好きな言葉、座右の銘は？

A 「年齢はレベル」

以前フォロワーさんから教えてもらった言葉で、大切にしています。顔も体もどんどんマイナスに変化していくし、誕生日を迎えるたびに気持ちが落ち込んでいたのですが、レベルアップと考えたら「私レベル53になった！」と前向きに考えられます。レベル80なんて、めちゃかっこいいですよね。

Q つい集めてしまうものってありますか？

A 観葉植物は増えてしまう運命です

引っ越し前はガラスのもの、カゴ、食器などでした。お店で素敵なものを見かけると、呼ばれている気がしちゃって（笑）。引っ越しでかなり手放して、インテリアとしてのカゴは冷蔵庫の上にあるもののみ。ガラスのものも割れたら補充しないように。植物だけは今でも増え続けていますが、もう運命だと思っています。

Q 好きなインテリアショップは？

A イケアとモモナチュラル そして植物専門店！

「イケア」の店舗は、行くたびにワクワクしますね！ お店を一周して、レストランでごはんを食べて帰るのが好きです。「モモナチュラル」も好きで、お気に入りのダイニングテーブルとソファはこちらで選びました。あとは植物のお店で「Rust」と「garage」。系列店なんですが、どちらもとってもおしゃれで楽しいです。

第4章

おひとりさま、先々の不安との向き合い方

ひとり暮らしはさみしい？

私の出身は、群馬県です。中学生の頃から「いつか東京に出て、ひとり暮らしをしたい」と思うようになりましたが、保守的だった両親は当然反対。説得を続けて、無事に東京の短大に進学し、寮に入ることが決まりました。その後、就職するタイミングで念願のひとり暮らしをスタートして、4年ほどひとり暮らしをしていましたが、当時ものすごくさみしかった記憶があります。あれほど望んだことだったのに…。

再び50代でひとり暮らしをすることが決まったとき、初めてのひとり暮らしを思い出して、「絶対またさみしくなるぞ」と思っていたんです。だから覚悟をしていたのですが、人生2回目のひとり暮らし、いざ始まってみると「あれ？ 意外とさみしくないな」と。さみしくなると考えすぎていたのか、歳を重ねて、図太くなってきた部分もあるからなのかな。かなり久しぶりのひとりでの生活が楽しいなと思いました。

私自身、気を遣いすぎてしまうタイプなのもありますが、家族や子どもたちといるときは、自分より家族を優先してしまっていました。ご家族と暮らしている方はわかってくださる方も多いかと思います。主役は自分ではなく、家族。「なにが食べたいかな？」「寝ているから、今は大きい音を立てないようにしよう」「あれを用意しておいてあげよう」と。

今思えば空回りをしていたこともたくさんあったのかもしれないですが、子どもたちのことを第一に考えて行動していました。たとえば、私は毎日おみそ汁でいいけれど、子どもたちはたまにスープが飲みたいだろうと、スープをつくっている自分がいたり。仕事から帰ってきてヘトヘトでも、一度ソファに座ったら動けなくなってしまいそうだから、帰宅したらそのまますぐ洗濯ものを片付けたり夕食をつくったり。結局ずーっとがんばり続けて疲れてしまい、少し不機嫌になることもありました。うまく手を抜ければいいのですが、不器用でそれがなかなかできなかったんです。

そんな暮らしを20年以上続けてきました。

ひとり暮らしになったことで、時間と気持ちに余裕ができました。新生活がスタートしてすぐは、自分のために料理をつくることが面倒に感じてしまい、自炊もあまりせずにお総菜生活。しばらくは家事から解放されたことを楽しんでいました。結局すぐにお総菜の味に飽きて、コスト面でも健康のためにも、自炊に戻したのですが…。

料理を盛りつけるお皿ひとつとっても「自分がこうしたい」という意思だけで決められる。これってすごく貴重なことだと。そのとき「第二の人生が始まったんだ」と思いました。

最初は自分がなにをしたいのかも、どうしたいのかもわかっていなかったのですが、だんだんと「私って、こんなこともできるんだ！」「こういうことをしたかったんだ！」と気づくことが増えていきました。これまでの私は、子どもたちを理由にして「自分で決断すること」から逃げてきてしまったのかもしれません。

また、「自分らしい暮らしって、どんなことだろう？」と考えてみました。この先の人生、もしかしたら病気になってしまうかもしれないし、ケガをして歩けなくなってしまうかもしれない。なにが起こるかわかりません。どんな状況になったとしても、また、いつも通りの日常が続いていくとしても、私にとっての〝自分らしさ〟は、「自分で自分のきげんをとって、毎日を楽しく過ごすこと」。それを続けていくことが、〝自分らしい暮らし〟につながっていくのかなと思うようになりました。

そして少しだけ「こんなことができた！　私ってやるじゃん！」と、うれしくなったり。

じつは「ひとり暮らしは楽しい」と言いながら、この本を書くにあたって、ひとり暮らしをスタートした頃の手帳を見返してみたんです。引っ越しをしたのは10月だったのですが、10月から12月の年末まで、仕事ばかりで1日もお休みを取ってなかったことに気がつきました。3か月間、丸1

日家にいた日がなかったんです。それを見たときに、「さみしくなかったわけではなく、さみしさを仕事で埋めようとしていたんだな」と、ハッとしました。

今思うと、久しぶりのひとり暮らしは、やっぱりさみしかったみたいです（笑）。そして、インスタグラムを始めたきっかけも、心の隙間を埋めたかったのかもしれません。

もしかしたら、この本を手に取ってくださっているのは、今ひとり暮らしを考えている、いつかひとり暮らしになるかもしれないと思っているなど、さまざまな状況の方がいらっしゃるのかなと思います。

家族と離れて、ひとり暮らしを始めるということは、今までとはまったく異なる環境になります。大きな変化の前って、とにかく不安ですよね。ですがその半面、ひとりならではのよさや、さまざまなことを自分で決められる楽しさもあります。インテリアも暮らし方も、時間の使い方も、すべてのことを自分で好きなようにコーディネートできるいい機会だと、ポジティブ変換してみるのもありだと思います。

私自身、思いきって一歩踏み出した今の生活がとても心地いいと実感しています。自分のペースで楽しみを探しながら、ひとり暮らしをスタートしていただければと願っています。

家計簿はあきらめました

とにかく数字が苦手な私。今まで何度も家計簿にチャレンジしてきたのですが、数字と向き合っていると眠くなってきちゃって…。全然続きませんでした。

結婚していた頃は、限られた金額でやりくりしていました。当時の私は専業主婦で仕事をしてなかったので、ありがたいことに節約の修行期間になりました。調味料や野菜など、食材の底値をすべて把握しているような感じです。今になってYouTubeで節約系の動画を観ていると、私とやっている行動がかぶっていたり。「やだ、私めっちゃ節約できていた！」と、あとから知りました（笑）。

今は、意識的に節約しているわけではなく、家計の収支は細かく把握していません。自営業なので、仕事用と家の口座を分けていますが、どちらも預金残高を見て、影響がなければ「使いすぎてないから大丈夫」という

【1か月の主な支出】

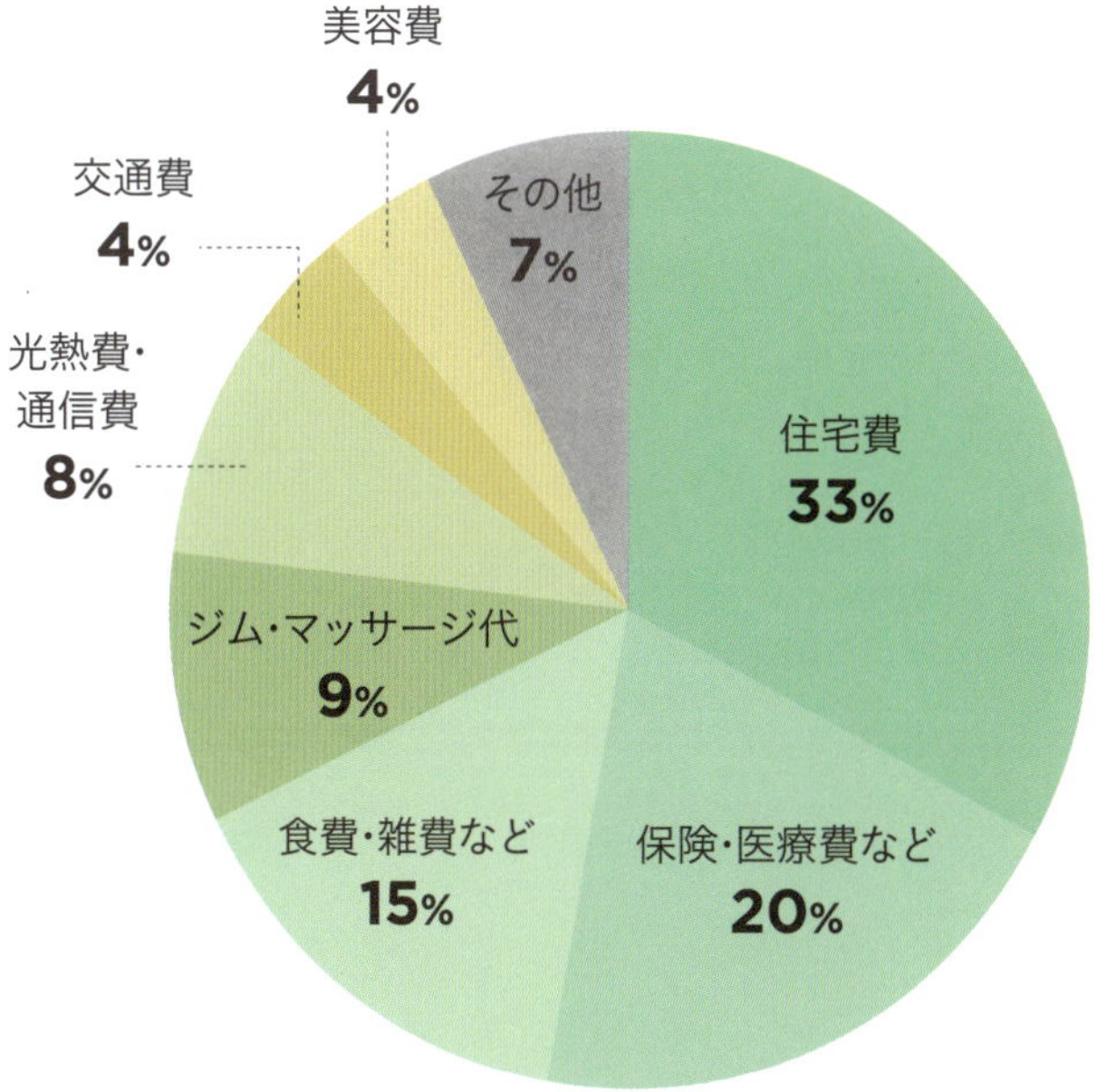

住宅費は主に家賃。特別費はその他に入っています

感じです。本当にざっくり、どんぶり勘定で呆れられそうなんですが、もともとそんなに無駄遣いをするタイプではないし、節約行動が身についているので、困っていないのかなと思いました。

改めて1か月の支出を計算してみると、固定費を除いて、いちばん使っているものは食費。そんなに回数は多くないですが、外食費も含んでいます。毎月実家に帰っているので、交通費も多くなっています。消耗品は100円ショップを活用しています。

また、だいたい毎月2万円くらいを特別費として残しておいて、そのなかから洋服代や旅行代に充てています。おこづかいみたいな感じでしょうか。余ったら貯めておきます。

洋服のときにもお話ししましたが、「いいな」と思ったら、金額にかかわらず買ってしまうことが多いです。「これは安くても大丈夫なもの」「これは高いものを買っておいたほうがいい」と、自分のなかで、ものを買う基準がなんとなく落とし込めているので、好きに買ってもあまり家計には響きません。そもそも、ものを増やさないようにしているので、買いすぎてしまうこともありません。

また、もし服を買いすぎてしまうと悩んでいる方がいたら、こんな考え方もあります。たとえば1万5千円の洋服を買ったとします。100回着たら、1回あたり150円。もし3千円の安い服を買っても、たった2回しか着なかったら？ 1回あたり1500円です。

このように、よく考えてから買うように心がけると、無駄遣いも減るのかなと。もちろん私も失敗してしまうこともあるのですが…。

先々の不安と
もしものための備え

ひとりだと、先々の不安がつきもの。きっと皆さんも漠然と不安を抱えていると思いますが、普段はなかなか口に出さないですよね。私はきちんと向き合って考えているほうだと思います。「病気になって入院することになったら？」「もし歩けなくなったら？」など。老後の不安もお金の心配も、本当は考えないほうがラクでいられるんですけどね。

もしだれかと一緒に暮らしていたら、「そんなに深く考えなくても、なんとかなる」と思っていたでしょう。私はひとり暮らしなので、「いざというとき、自分でなんとかしないと」という思いが強いのかもしれません。

老後のことだけではなく、災害が起きたときのこともすごく考えます。「災害後、もし家で過ごすとしたら」と想定し、カセットコンロやガスボンベ、乾電池式のキャンドルライト、簡易用トイレ、携帯ラジオ、大容量モバイルバッテリー、ドライシャンプー、水のいらない歯磨き、体拭きシートなど、2週間程度ひとりで在宅避難ができるように備えています。

クローゼット下には、非常用持ち出しリュックや備蓄用の食料を入れています

災害時、家の中に入れないことも想定して、外からすぐ取り出せる玄関にも備えを

クローゼット内のバンカーズボックスにも、備蓄用の食料を入れて保管

たとえば夏のうちわや扇子、冬はカイロなど、暑い季節と寒い季節の両方を想定して、電気やガスが使えないなかで、必要なものを用意しておくことも大切なことだと考えています。

また、ローリングストックも取り入れています。飲料水や食品のなかで、備蓄できそうなものは多めにストックしておいて、古いものから順に消費するようにしています。私の場合は、豆乳、ナッツ、チョコレート、トマトジュースなどです。

そういえば先日、１００円ショップで買える固形燃料とメスティンだけでお米を炊く練習してみました。キャンプ用品が災害時にも役立つという、新しい発見がありましたよ。

備蓄品は定期的に見直すようにしています。これまでは6月と12月に見直していましたが、今年からは気温が変わる5月と10月に行いたいと思っています。

家と職場のエステサロン、どちらも比較的築古の物件なので、もしかしたらどちらかが倒壊してしまうかもしれないと、しっかりシミュレーションもしています。たとえば、家の中まで入らなくてもいいように、玄関にも災害用グッズや備蓄の食料品を置いておいたり。

しっかり備えておくと同時に、必ずしもシミュレーションどおりにはいかないだろうという心構えもしているつもりです。こんなにいろいろなことを考えていても、長い人生です。病気やケガなど、自分ではどうにもならないことが起こる可能性があります。備えておいたことが必ず役に立つかはわかりません。でも、今できることは無理のない範囲でやっていきたいと思っています。

想定どおりにいかないことが多々あると思うので、備えはすべて「少しでも安心材料になれば」くらいに考えています。

老後のために今できること

50代ですが、すでにエンディングノートを持っています。1年ほど前に友人のお父さまが急に亡くなってしまい、そのあと、立て続けにお母さまも亡くなってしまったのです。

その友人は、ご両親が亡くなる前に、なにも引き継ぎをしていなかったそうです。銀行口座の相続に関しても、戸籍謄本など必要書類の取り寄せに時間がかかったり、ご両親が持っている口座の数も多かったようで…。きっと、経験をしたことがある方なら想像ができると思うのですが、本当に大変な思いをして、相続のことに駆けずり回っているのを近くで見ていました。自分も、子どもたちのためにしっかり備えておかないといけないんだなと実感しました。

エンディングノートをいざ買ってみると、自分の基本情報、財産や資産のこと、病気や介護の希望、葬儀の希望、友人の連絡先など…実務的な項目が細かく分かれているので、けっこう楽しみながら書き込むことができ

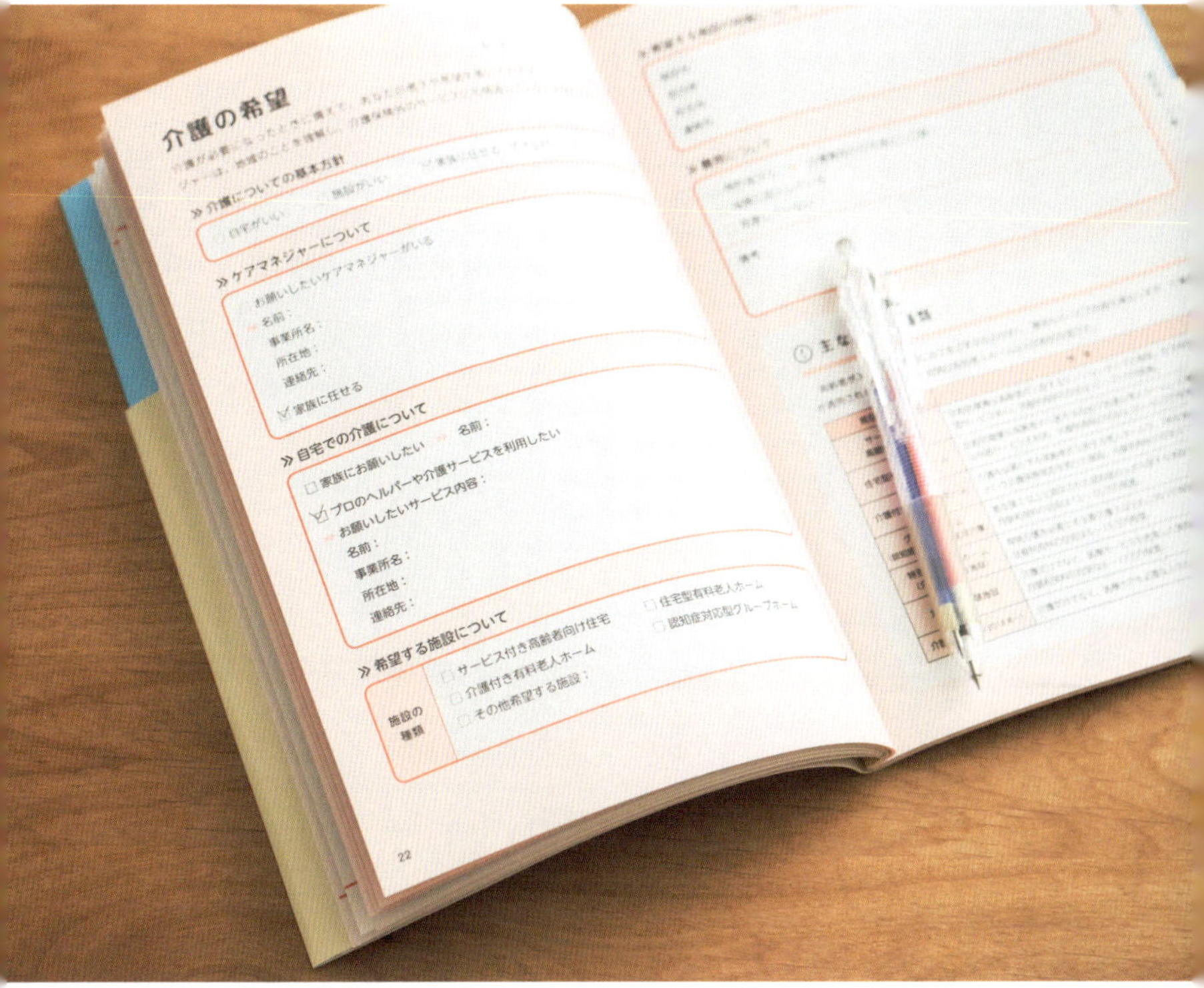

買ったのは『一番わかりやすい エンディングノート』（リベラル社）。
本屋さんで見比べて、最も使いやすそうでした

ました。本屋さんで複数のエンディングノートを見比べてみて、自分に必要な項目が多いと感じ、サイズも大きくて記入しやすそうなものを選びました。

貯蓄がそんなにあるわけではないけれど、銀行口座をいくつか持っています。私の身にもいつ、なにがあってもおかしくはありません。もしものときに子どもたちが困らないように、今のうちに引き継ぎたいことを書いておきました。

あとは、私が70歳くらいになったら、年に1回、息子と娘と3人で、顔を突き合わせて、話し合いでもできたらいいなと思っています。私がいなくなったあと、子どもたちの負担をなるべく少なくしたいからです。

また、今の住まいは居心地がよすぎるのですが、もし90歳まで住むとしたら、家自体が築70年くらいになってしまいます。きっと、おばあちゃんになるまで住み続けるのは難しいだろうなと思っています。もしかしたら60歳くらいでもう一度、家探しをする可能性が高いだろうと覚悟もしています。

私は、将来施設に入るのではなく、できるだけ自宅で過ごしたいと思っています。この先も自分の足でしっかり歩けるように、食事に気をつけたり、運動もして、健康でいられるように。目の前の、今できることをがんばっています。

第5章

私らしい日常とSNSで広がった世界

インスタグラムは第二の居場所

「50代ひとり暮らし」「おひとりさま」。私の状況って世間的に見たら、なんだか負い目があるような気がして…。アラフィフやそれより上の世代はとくにそうだと思うのですが、シングルの方はとても少数派なのかなと感じます。ママ友たちもみんな、ちゃんとした家族の形をしているので。だからと言って「ひとりぼっちでさみしい。しょぼーん」ということではなく、もしも同じような境遇の方がいたら、私の投稿を見て「こんな人もいるんだな」と思ってもらえたらというのも、インスタグラムを始めたきっかけのひとつです。

私はひとり暮らしを始めて、半年後くらいにインスタグラムをスタートしました。久しぶりのおひとりさま生活を楽しみながらも、どこかで心の隙間を感じていました。仕事以外でなにか外の世界とつながりたいと思い、実際にインスタグラムを始めて、たくさんの方とコミュニケーションを取れるように。SNSによって新しい居場所ができて、さみしさがものすごく和らいだんです。インスタグラムやフォロワーさんに救われたなと思っています。

はじめは、自分と同じような境遇の方に見てもらえたらと思いスタートしましたが、実際に皆さんと話してみると、同世代だけではなくて、私より上の世代も下の世代も、幅広い方々がフォローしてくれました。また、ひとり暮らしの方もそうではない方も、これからひとり暮らしになるかもしれない方もいらっしゃいます。境遇にかかわらず、つながれていることがとても楽しいです。

私にとってフォロワーの皆さんは、友達のような存在です。アカウント名やアイコンの画像を見ただけで、「あ、あの人だ！」と安心するんです。リアルな友達と話しているときも、もちろんすごく楽しいけれど、悩みや愚痴を聞いて、気持ちがズーンと重くなってしまうこともあります。フォロワーさんとは、日常のちょっとしたできごとだったり、ささいな悩みだったり、日々の断片を話しています。ほどよい距離感がちょうどいいなって思います。形態が違う友達の輪が広がったみたいで、うれしいです。

また、本当にありがたいことにイヤなコメントは一度も来たことがないんです。私はとっても幸せ者だなと思います。皆さん、きっと優しくて素敵な方ばっかりなんだろうな。

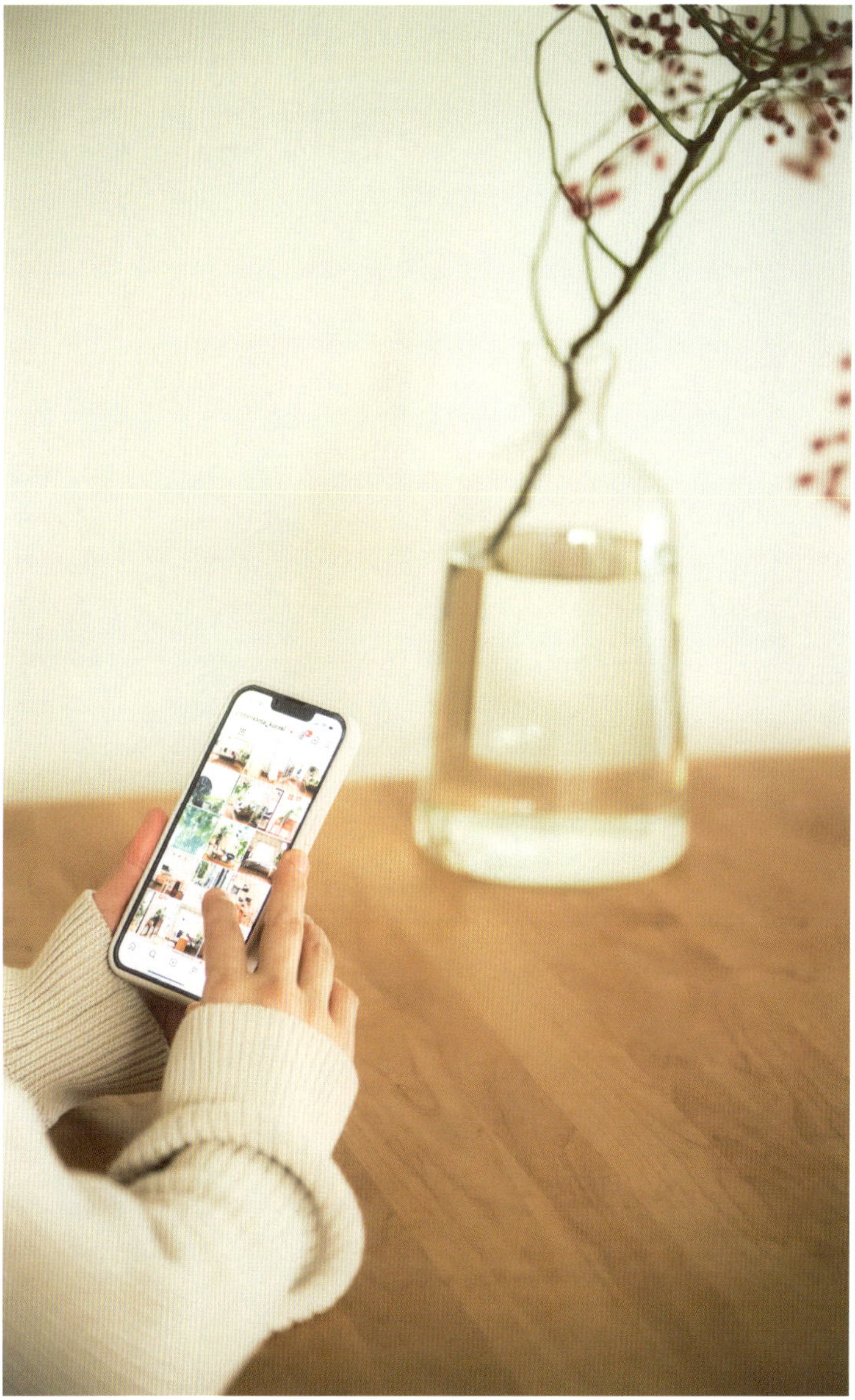

おかえりが聞こえる空間にしたい

自分のエステサロンをオープンしたときに、ドアを開けて中に入ると「おかえり〜」と聞こえてくるようなあたたかい空間にしたいなと思いました。インスタグラムでアカウントを始めるときも、同じようにあたたかい雰囲気にできたらいいなと思ってスタートしました。投稿を見ていただく方にも「ただいま〜」って気持ちになってもらえる場所にしたいと。

投稿をするときに、毎回「今日も一日お疲れさまでしたー^^」というお決まりのひと言から始めるのがマイルールです。すると、皆さんがいつも「ようさん、こんばんは」とか「ようさんもお疲れさまでした」など、あたたかい声をかけてくださいます。毎日がんばって疲れているけれど、投稿を見てほっこりしてもらえたらうれしいです。

私のインスタグラムでは、自宅のインテリア写真をメインに、夜に仕事が終わって帰宅したら、毎日欠かさず投稿しています。インテリアに関する内容が主なので、どうしても同じような写真になりがち。見ていただく方が飽きないように、場所や角度を変えて撮るよう気をつけています。

投稿に添える文章は、日々のちょっとしたできごとや考えていること。一日の終わりに、その日にあったささいなことを食卓でおしゃべりしているような気持ちで書いています。

また、最近は料理をしている動画を投稿したり、動画に声を入れてみたり。どうしたら皆さんに楽しんでもらえるかなと、いろいろ新しいことにも挑戦しています。

ありがたいことに写真を褒めていただく機会も多いのですが、スマホの撮影についてはYouTubeで勉強しました。撮るときに、水平や垂直を意識しています。以前までは、10枚以上撮らないと「いい」と思える写真が撮れなかったのですが、毎日撮影している成果か、最近は2、3枚撮るだけで写真が決まるようになりました。

私はインスタグラムを続けることに対して、面倒だと感じることはとくにありません。とにかくフォロワーさんとのコミュニケーションが楽しいので、今日までハッピーな気持ちのままで続けられているのだと思います。毎日コメントやＤＭをくださる方もいて、皆さんと交流している時間が楽しいです。

じつは、インスタグラムを始めて一度、アカウントを乗っ取られたことがあるんです。偽物のＤＭをうっかり開いてしまって、急にログインができなくなってしまいました。残念ながらそのアカウントが復旧することはなく、新しくアカウントをつくり直すことに。大切ななにかを失うと、喪失感があるじゃないですか。いわゆる「ロス」になってしまって…。

アカウントにログインできなくなって１週間くらいは、気がつくとぽろぽろ涙があふれてきて、情緒も不安定になっていました。アカウント名を覚えていた方には新しいアカウントから連絡をして、そのとき50人くらいとつながり直して、現在のアカウントで再スタートしました。

正直、まさかこんなに泣くなんて！と、自分でもびっくりしました。それくらいインスタグラムという居場所が、とても大切なものになっていたんだなと、そのときに実感しましたね。

また、フォローしている皆さんのお孫さんやお子さんの写真が少しずつ成長していく様子を、おばあちゃんのような気持ちで見守っているのも幸せな時間。今ではすっかりワンちゃんやネコちゃんの名前も覚えて、愛らしい投稿を楽しみにしています。

SNSは
生存確認でもあります

私のインスタグラムを息子も娘もフォローしてくれているので〝生存確認〟の意味でも続けています。これもモチベーションのひとつかもしれません。毎日投稿しているのを見て、「母は元気だな」と思ってくれているだろうと思います。インスタグラムがあるので、こまめに連絡は取らなくても大丈夫という感覚です。

と言いながらも、前のページでお話ししたアカウントが乗っ取られたとき、息子からはなんと2週間後に「大丈夫？」と電話がきました。2週間も母の更新がないことに気がつかなかったのねと…。普段あまりSNSを見ない子なので仕方ないと思いつつ、今ではすっかり笑い話です。

息子も娘も「フォロワーさん、みんなあったかいよね」と言ってくれたこともうれしかったです。また、姉も見守ってくれています。

フォロワーさんに対しても同じです。毎日じゃなくて、たまにコメントをくださる方から久しぶりにコメントが来ていると、「よかった、元気でいらっしゃる！」「ちゃんと見てくださっているんだ！」と安心します。

また、今は毎日投稿をしているのですが、きっとなにもお知らせせずに投稿をスキップしちゃうと、私の安否を心配してくださる方がたくさんいるだろうなと思っています。本当にありがたいことです。

ひとりだけどひとりじゃない、そんな感覚です。

いつも等身大で発信したい

インスタグラムで情報を発信するときは、エステティシャンの仕事をしているときと同じように「見てくださっている方に元気になってもらいたい、楽しくなってもらいたい」と思いながら投稿しています。少しでもお役に立てたり、楽しんでもらえたり、くすっと笑ってもらえたり、共感してもらえたらいいなぁと。

インテリアの写真と日々のできごとがメインですが、たまに簡単なレシピや観葉植物のお手入れのコツ、収納についても発信しています。どんな情報を発信するときも「とにかく簡単で、だれでも真似しやすいこと」を大切にしています。

というのも、私自身が超ズボラなので、手軽に挑戦できることが好き。「簡単なのにこんなにおいしくできる！」とか、私が実践してみてよかったことをシェアしたいという気持ちで投稿しています。「見て見て！ こんなに安くていいもの見つけたよ」と、フォロワーさんたちにもお得な情報を伝えたいという感覚ですね。

なにかを発信するたびに、「役に立ちました！」や「ありがとうございます」と言ってくださる方もいたり、なに気ない投稿から話題が広がって、フォロワーさんたちと盛り上がることができたり。とても楽しいですし、うれしく思っています。

私自身の暮らしのなかでも、インスタグラムを続けていてよかったと思うことがあります。それは、部屋のきれいさをキープできること（笑）。この本の冒頭でもお話ししましたが、「毎日投稿すれば、その都度片付けるから部屋が散らからなくなるかな…」という気持ちでインテリアの投稿をはじめたのですが、これが大成功でした！　こまめに部屋を片付ける習慣が身についたことは、大きな収穫です。

今までに何度か、インスタライブもやってみたことがあります。フォロワーさんたちが温かいコメントや質問をたくさんしてくださって、会話をするのがとっても楽しかったです。

今後も回数を増やしていけたらいいなと思っているので、ぜひまた遊びに来ていただけたらうれしいです。

Q&A
フォロワーさんからの質問に答えます

Q 好きな食べ物は？

A うなぎです！

昔からの大好物です。もしも明日地球が終わると言われたら、今日絶対に食べます（笑）。ひつまぶしも、うな重も、うな丼も好き。食べすぎるとありがたみがなくなっちゃうので、ご褒美とかここぞというタイミングで食べます。おいしすぎて、ご飯も一粒たりとも残しません！

Q 冷え対策、どんなことをしていますか？

A 最近は充電式スリッパが個人的ヒットでした

末端冷え性です。最近買ってよかったのは充電式スリッパ。もともと充電式くつ下を愛用していましたが、スリッパももこもこで温かいです。お風呂では、エプソムソルトや炭酸系の入浴剤で体を温めています。あとはショウガやシナモンティーなど、内側から温まるものを飲むようにしています。

Q 新しくチャレンジしたいことはありますか？

A 海外ひとり旅！

ひとり暮らしを始めてからソロ活にハマり、国内旅行を楽しめるようになりました。次は海外！と思って、「デュオリンゴ」という学習アプリで英語を勉強し始めて4か月。はじめは近場を攻めていって、いつか遠くの国にもチャレンジできたらいいなと思っていたのですが…最近ベトナムに行くことが決まりました！

Q 影響を受けた作品はありますか？

A 相田みつをさんの言葉

20代の頃から相田みつをさんの本を何冊か持っていました。たくさん影響を受けたと思います。「ただいるだけで」という詩のなかで、「あなたがそこにただいるだけでみんなのこころがやすらぐ」という一文があるのですが、私もそんな人でいられたらと思っています。壁に突き当たったときに、読み返したい本です。

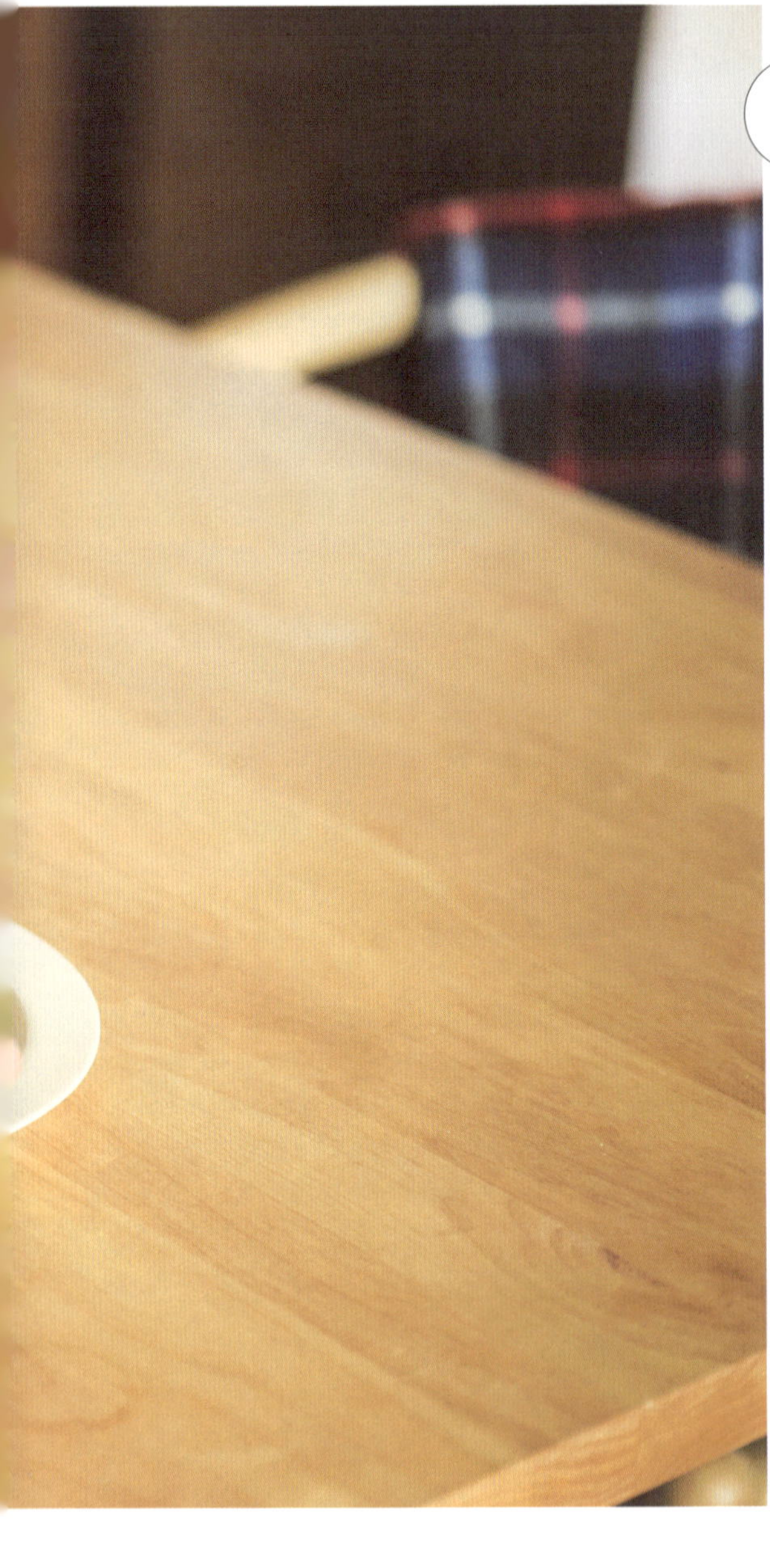

第6章

自分で自分をごきげんにする方法

〝自由〟なことがなにより大切です

年齢を重ねていくと、ますます時間が大切だなと身にしみて感じています。とある本を読んでから、どうやったら効率的に時間が使えるのか考えて行動するようになりました。駅から徒歩5分圏内の住まいを選んだことも、そういう理由です。

5年ほど前、今の自分が重要視している価値観を知るために、リストから大切なことをピックアップしてみたことがあります。ニューメキシコ大学が公表した価値観リストを参考にしました。

たとえば「健康」「安定」「冒険」「変化」「快適」「人気」「成長」など、80個くらいの価値観が並んでいて、そこから自分にとって大切なものを選んでいくんです。自分の気持ちに合うものを10個選んで手帳に書き出しました。自分でゼロから書き出すわけではなく、あるものから選ぶだけでいいので気楽にできますよ。

そのときの私が大切だと思ったのは、主に「健康」「熟達」「貢献」「寛大」「希望」など（5年前に選んだものと、今は変わっているものもあります）。それぞれ細かく順位がついているわけではないのですが、私にとって最も大切なことはなんだろう？と考えたときに、思い浮かんだのが「余暇」。それを脳内変換して、「自由でいること」なのかなと思いました。

価値観の整理をしたのは、ちょうど勤めていたエステサロンを独立したタイミングでした。それまでの私は、職場やママ友、友達。どの集団のなかにいてもうまく立ち回りはできるけれど、その分、気を遣いすぎてじつは疲れてしまっていたということにも気づきました。今の私は、仕事でもプライベートでも「自分で決定できる」ということが幸せだと思っています。

もしかして、もっと人間的にステップアップできたら、だれかと一緒でも自由な気持ちでいられる日が来るかもしれませんね。

私は老後に向かって「どう歳を重ねていきたいか」「どんなおばあちゃんになっていたいか」と考えることが多いです。そんなふうに考えるようになったのは、30代半ばにエステティシャンという今の仕事に就いて、自分よりも年上のお客さまと接することが多くなったからだと思います。

今の私の理想は「ごきげんなおばあちゃん」になること。いるだけで、周りがほんわかするような人になれたらと思っています。「ごきげんになるための習慣は、おばあちゃんになってからでなくても、今すぐにできる！」と気づいてから、日々いろいろなことを心がけています。

まずは、幸せのハードルを低くすること。大好きな詩人・相田みつをさんの「しあわせはいつもじぶんのこころがきめる」という言葉が好きです。晴れていても幸せ、ソファに座って観葉植物を見ているだけで幸せ、仕事があることも幸せ、おいしいものを食べても幸せ。湯船に入ったときなんて「あ〜生きててよかった」と、思わず声が出てしまうほどです（笑）。積極的になんでも「幸せ認定」しちゃっています。

私は子どもたちの独立を機に50歳目前で再びひとり暮らしを始めて、その少し前に自分のエステサロンもオープンして、第二の人生がスタートしたと思っています。こういうふうに考えられるようになったのは、今まで他人軸で生きていたのが、自分軸で生きられるようになったことが大きいですね。周りのことに目を向けられる余裕ができました。

今でも仕事が詰まっていたりすると、目の前のことに追われて、いっぱいいっぱいになってしまう日もあります。そういうときは、一歩引いて、「そうだそうだ、私はニコニコ笑っていたいだけなんだ！」と、ちゃんとリセットできるように。寝不足に弱かったり、とってもドジだったり、「ダメだな、私」と思うこともたくさんあります。まだまだ修行中です。

他人とは比べません

私がごきげんでいるために心がけていることとは、まだまだあります。それは、「自分は自分、他人と比べない」ということ。

若い頃は、すぐに自分と人を比べて落ち込んでいました。「私はあれを持っていない」「あの人と比べて、私はこれができていない」とか。自分なりにがんばってはいるけれど、空回りしたり、うまくいかなくて、毎回落ち込んでしまいます。

中学生のときに卓球部に入ったものの、運動神経がないのでレギュラーにはとてもなれなくて。思春期もあったのだと思いますが、この頃が人と比べてしまう人生の始まりだった気がします。それから短大では、お嬢さま学校に入ってしまって…。みんなブランドもののバッグを持って、キラキラしていて、田舎者の私は「全然イケてないな」と思っていました。

さらに子育て中は、周りのママ友がみんな年上だったこともあり、「周りのお母さんはできているのに、私は全然うまくできない」と思っていました。こんなふうに、今までたくさんの挫折を味わってきました。

今思うと、学生時代は自分と性格が似ている子や、気が合う子と仲よくしていました。ところが、社会人になると、バックボーンもさまざまで、いろいろな考え方の人と関わる機会が増えました。「なんでそう思うんだろう？」「どうしてそんな言い方をするんだろう？」と思う場面が多かったことを覚えています。

私は、エステティシャンの仕事に就いてから、いろいろなお客さまと出会いました。そこで、10人いたら10人分の〝普通〟があると気づきました。40歳近くなった頃、遅すぎるかもしれませんが「ひとりひとり、みんな違うんだ」ということが本当の意味で理解できたんです。

考え方や性格、持っているもの、生活環境、長年ついたクセのようなものも、みんな違います。たとえできないことがあったとしても「自分は自分」と思うことで、人と比べなくなりました。あと、年齢を重ねて図太くなれたことも大きいかもしれません（笑）。

人と自分を比べず、〝普通〟にとらわれずに生きるって、とっても大切な考え方だと思うんです。焦ることもなく、モヤモヤしたりせず、心穏やかでいられるような気がします。

とは言いながらも、生きていると〝比べられるポイント〟って本当にたくさんありますよね。たとえば持ちものだとか容姿だとか…挙げたらキリがないです。私もすぐ人と比べてしまっていたので、気持ちがよくわかります。そういうときは、「負けるくらいがちょうどいい」と考えてみると、気持ちがスッとラクになると実感しています。

また、世の中にはいろいろな価値観を持っている人がいて、人のことは変えることができません。昔はつき合い方に悩んだこともたくさんありました。今のように「こういう人もいるんだな」と、割りきって考えることができていたら、もっとラクに生きられていただろうと思います。

これも相田みつをさんの詩なのですが、「きゅうりにはきゅうりの良さを認め、なすにはなすの良さを認める心です」という一文があります。落ち込んだ気持ちのときに思い返していました。実際はまだまだ修行中で、いまだにモヤモヤしてしまうこともあります。ですが、前よりはものすごく人間関係がラクになり、悩むことはほとんどなくなりましたね。

余談ですが、以前フォロワーさんから「落ち込んだときはどうしていますか？」と質問をいただいたことがあります。そういうときは、泣ける映画を見て、号泣する！「涙活」っていうやつです。普段はそういう映画を観ると嗚咽しちゃって周りに迷惑なので、映画館に行けないんですよ(笑)。家ならいくらでも泣けますし、泣いたあとはすっきり。

あとはひとりカラオケ。普段は声が小さいほうですが、カラオケだとなぜか大きい声が出ます。思いっきり歌ったら、いつの間にかモヤモヤも吹き飛びます！

がんばったら自分を褒める

すごくがんばったときは、自分で自分を褒めるようにしています。これは本で読んだことがきっかけで、そのとおりだなと思い、実践するようになりました。なかなか難しいけれど、皆さんもぜひ、疲れているときこそ自分で自分を褒めてあげてくださいね。

私の場合は、だいたい仕事をがんばったときが多いです。いつもより遅い時間になってしまった帰り道は「こんな時間まで超がんばった！　めっちゃエライよ、私」と思いながら帰宅。こんなふうに、自分を褒めることを始めてから、ストレスが減りました。

本当に日常のちょっとしたことでもいいと思います。たとえば、お布団でだらだらせずに早く起きられたとか、そういうささいなことでいいんです。褒めのバリエーションも「イケてる私！」「やるじゃん！」「かっこいい！」「がんばってる！」いろいろなパターンをもっています。一見ネガティブに思えるできごとも、すぐにポジティブ変換しています。

たとえば、残業をしているときに「こんなに遅い時間まで、空腹を我慢できた私ってすごい」。休日など、エステの予約がたくさん入っている日は洗濯ものが大量になるのですが「大量の洗濯ものをこんなに速く干せるのは私しかいない！」、そんな感じです。

そういう意識をしていると、日常でもネガティブな発言が出てこなくなるように思います。代わりに、「うれしい」「楽しい」「よかった」など、プラスの言葉ばかりが出てきます。そうなると、つき合う人も変わる気がしています。

私のエステサロンでいい空気が流れているのも、毎日ポジティブな言葉であふれている影響が大きいのかなと思います。

私の趣味！ものづくりが大好きです

趣味の刺し子を始めて2年ほど経ちました。イラストレーターで手工芸作家の堀川波さんがインスタグラムで発信されていた刺し子を見て、「なんて可愛いんだろう！」と思い、すぐに検索。堀川さんが手がけるブランドで、刺し子ステッチのバッグがつくれるキットが販売されていたので即購入しました。とにかくデザインが可愛いです。

もともと刺しゅうをやっていたので、すんなり刺し子を始めることができました。刺し子は同じ色の糸で同じパターンを縫うことが多いので、刺しゅうよりも無心になれます。ひたすら同じ作業をすることが好きな私にも向いていました。お裁縫が苦手でも、刺しゅうよりハードルが低い気がします。また、堀川さんのキットは、生地に水で消える図案がついているので、初心者の方でもサクサク刺していけると思います。

この刺し子のバッグは、合間を見つけて少しずつ進めている途中です。まとまった時間をとることが難しくて、なかなか完成しないのですが、マイペースに。

堀川さんのブランド「dot to dot」のキットで、刺し子のバッグを製作中。グレーの生地に白の糸で刺していきます

昔から、手芸など「ものづくり」が大好きなんです。実家にミシンがあったので、中学生の夏休みに、自由研究でセーラー服をつくったことも。刺し子や刺しゅうのほかにも、ビーズでアクセサリーづくりや、編みものなどもしています。手芸教室に通ったことがあったり、パッチワークもやったことがあります。ちなみに引っ越し前は、大きな衣装ケース1・5個分くらいの手芸道具や布を持っていました。今は厳選して少しだけ残しています。ひたすらチクチク縫ったり、編んだり、手先を動かす作業が大好きなんです。

ビーズは、今までに指輪（P.65の白と黒のビーズのもの）とネックレスをいくつかつくりました。最初はお客さまに誘っていただいて、ビーズ教室に通って先生に教えてもらっていました。そのときに、つくりたいものはひととおりつくってしまったので、教室は今お休み中です。たまにシンプルなネックレスはつくっています。

編みものも、使いたい毛糸はスタンバイしていますが、直近ではなかなか着手するのが難しそうです。くつ下と手袋をつくりたいと思っていますが、次の冬の完成になりそう。

今の私らしいなと思うのは、刺し子も編みものもビーズも、実用的なものしかつくらないようにしているところです。「こういうふうに使うためのの、こういうものをつくろう」と、必ず想定してつくっています。前の家では、刺しゅうでつくった作品を壁に飾ったりしていましたが、持たない暮らしにシフトしたことも大きいのかなと思います。

ご褒美を忘れない

「自分をごきげんにする秘策」をもっているのは大切なことだと思います。

たとえば、ゆっくりできる休日に昼間からお風呂に入ったり、大好きなカフェでケーキセットを食べながらぼーっとしたり。モヤッとすることがあったら、自分へのご褒美に、近所の洋菓子店でお気に入りのスイーツを買って帰ることもあります。

そんな私にとっていちばん気分転換になるのは、1000円を握り締めて「なんでも買っていい」というルールで、近所のショッピングモールを歩き回る、その名も「1000円ショッピング」です。あるときは紅茶と文房具、あるときはフルーツ、あるときは本といったように、合計1000円になるように自由に買い物をします。

頭を使うことと、好きなものを買うことで、いつの間にか心がすっきり。リフレッシュしているんです。

最近の1000円ショッピングでは、パン屋さんで450円分パンを買い、残り500円で焼き鳥屋さんへ。残金は2本分だけど、それしか買わないのはなんだかさみしい気がして、最後に「やっぱりねぎまもお願いします!!」って追加してもらったら、1000円をオーバーしてしまいました…（笑）。

年始に書き出す「やりたいこと」

年明けに誕生日があるからか、「今年、なにをしたいかな」と毎年考えて、手帳に書き出すようになりました。

ひとり暮らしを始めて自由な時間が増えた頃、これからの自分の人生について考えるようになり、「やってみたい100のこと」を書き出してみることに。ですが、100個も考えるのはとても難しくて途中でやめてしまいました（笑）。私の場合、1年の始まりに「今年中にやりたいこと・行きたいところ」を書き出すくらいが、ちょうどいいようです。それを月に1回「自分とデートデー」と題して、かなえるようにしました。

2024年の始まりに書いたのは、主にこんな内容です。

（月に1回自分とデートデー）

・伊勢神宮にひとり旅
・落語を聴いてみたい
・去年行けなかったひとりカラオケ

・去年行けなかった20年以上ぶりのミュージカル観劇
・去年初めて行ってリフレッシュできたひとり温泉施設をリピート
・美術館　・映画　・海も見たい

(家の中のこと)

・去年の夏から進んでいない刺し子のバッグを仕上げる
・本を月に2冊以上読む　・運動
・家計簿をつけられるようになりたい

年末までにできなかったことは、落語と家計簿、刺し子のバッグを仕上げること。もちろん書いたときはやる気満々なのですが、これは目標と言うよりも、あくまで指針のようなイメージ。

普段は、同じような毎日の繰り返しになりがちです。だからこそ、ときどき「やってみたいこと」をスパイスのように日常に足してみる。

そうしていくうちに、年末に「なかなか楽しい1年だったな」と思えたら大成功だと思っています。自分の思うままに、楽しんでいます。

さて、2025年はどんなことがやりたいか、さっそく年始にワクワクしながら書き出してみました。

・映画　・ミュージカル　・美術館
・ひとりカラオケ　・日帰り温泉
（どれも2024年にやって楽しかったので再エントリー）


私の場合、意識しないとなにもしないで過ごしてしまうので、映画なども しっかり書き出しておくことが意外と大切。

そして去年は「月2冊以上本を読む」をやってよかったので、今年は5冊に増やしてみようかなと思っています。刺し子のバッグは、いよいよ完成させたいな。

手帳に書き出すことは、羅針盤のようなイメージ。やりたいことが明確になっていき、とってもワクワクします

今年、新たにやってみたいことは

・四国旅行
・歌舞伎
・プールに行く
・英語の勉強

プールはしばらく行っていないので、まずは水着を用意するところから始めないといけませんね。

年末にまたインスタグラムで皆さんにご報告しますね。

ソロ活が楽しくなりました

50代になって、日々のスピードが加速しているように感じます。毎日が同じようなことの繰り返し。このまま老けていくのか…という、ちょっとした焦りのようなものもあったりして。なので、ここ数年は意識して〝好奇心のアンテナ〟を張って、いろいろなことにチャレンジしていくように心がけています。そのなかのひとつが「ソロ活」です。

もともと、ひとりで外食することも苦手だった私。ひとり暮らしを始めた頃から「ひとりでカフェくらい入れるようになりたい」と思うようになりました。はじめの一歩は、チェーン系のカフェ。そこから練習を重ねて、今では躊躇なくひとりで外食ができるように。それだけではなく、ひとりカラオケも楽しめるようになりました。

そして3年前にひとり旅もデビュー。P．162でも触れた「やってみたい100のこと」を書いていたとき、リストを見た娘から「神社と温泉ばっかり」との指摘が。このとき、私は神社と温泉に行きたいのだと気づきました。やりたいことを今のうちにやっておかなかったら、後悔するかもしれない。「でも土日は仕事だし、だれかと予定を合わせるのは大変だな」と思っていたのですが、急に「ひとりで行けばいいのか！」と思い立ちました。ひとり旅好きのお客さまの話を「すごいなぁ」と、ただただ感心して聞いていた頃から考えると大きな変化です。

最初の旅先に選んだのは、長野県の諏訪大社。自分で特急券と温泉宿を手配しました。初めてのひとり旅で新幹線や飛行機での移動はハードルが高く、自宅から在来線を使って３時間ほどで行けるというのが大きかったというのが理由です。２回目の旅は、ツアーで出雲大社に行きました。羽田空港に集合し、そこからずっと添乗員さんが案内してくれました。そのときのツアー参加者は46人。ひとりで参加していたのは、私を含めて２人でした。

ひとり旅では、自分で手配するかツアーか迷われる方も多いと思います。どちらもそれぞれのよさがありますし、好みもあると思います。私は両方を経験して、「自由に動きたいタイプ」だということがわかりました。

基本的には自分で手配し、アクセスが大変な場所はツアーで連れていってもらおうと決めています。3回目のひとり旅は、自分で手配をして伊勢神宮に行ってきました。

ひとり旅のよさは、ひとりだからこそ五感が研ぎ澄まされることだと考えています。たとえば、「伊勢神宮って鳥がこんなにもたくさん鳴いているんだ」「参道の植物ってこんなに種類があるんだ」といったように。のんびり木漏れ日を楽しみながら、空をぼーっと眺めるなど、心が豊かになる時間を持つことができます。そしてひとりで旅していると、どこに行っても気にかけてくれる人がいらっしゃいます。人の優しさにも気づきやすいと思いました。

もちろん、ひとりだと困ることもあります。2時間近く道に迷ったことも、バス停を間違えてしまったことも。ですが、それもまた楽しい旅の思い出になっています。これからも年に1回くらいのペースでひとり旅を続けていこうと思っています。

この写真だけひとり旅ではないのですが、娘と行った湯布院で

3回目のひとり旅で訪れた伊勢神宮の池。ゆっくり自然を堪能しました

ご当地食材を自分へのお土産に。必ずチェックするのは、塩などの調味料

出雲大社のツアーに参加したとき。足立美術館にも足を運びました

月に1回「自分とデート」

P.162でも少しお話ししましたが、年始にやりたいことを書き出しているうちに、「月に1回『自分とデートデー』をつくるのはどうだろう？」と思いつきました。年始に手帳に書いた、やりたいこと・行きたいところのリストから毎月予定を立てて、おしゃれしてお出かけします。出かける日を先に押さえて、ざっくりやることや行き先を決めていきます。

2024年は、ひとりカラオケだったり、近所のカフェだったり、いろいろな場所で自分とデートすることができました。2月は美術館に行こうと思い立ち、「東京　美術館」で検索。そこで目にとまった〝動く絵画展〟に興味がわいて、「ゴッホ・アライブ展」に行ってみることにしました。方向音痴ながらもグーグルマップを使ってなんとか会場にたどり着き、映像で流れるゴッホのストーリーを鑑賞。違う角度でも楽しみたいなと思って、2周してしまいました。もしだれかと一緒だったら、遠慮して1周しかできなかっただろうと思いながら。

そのあとは、せっかくなので素敵なランチが食べたいと思い、インスタグラムのハッシュタグ検索機能でカフェ探し。お目当てのカフェを見つけて、無事においしいランチをいただきました。

ひとり旅にもいえることですが、ソロ活の魅力は、そのときの状況や気分で予定変更ができること。行き先も時間配分も好きなように決められることだと思います。というと、計画を立てるのが好きなタイプのように思われるかもしれませんが、むしろ苦手なほうです（夏休みの宿題も最終日にするタイプ）。事前の下調べはあまりせず、行きの移動中に観光スポットや食べたいものを検索するのも楽しいですよ。

同時に、だれかと一緒に行くのもいいなということも改めて感じることができました。「あそこよかったね」とか「あれがおいしかったよね」とか、楽しい思い出が共有できるのってやっぱり素敵なことですよね。

第7章

50代からの人間関係

子どもたちとは親友になりました

2人の子どもたちは4歳差で、それぞれ性別が違うし性格も全然違うので、ひとりっ子を2人育てているような感じでした。

とくに息子は反抗期が大変で、それはもう出口の見えないトンネルのようでした。もちろん本人も苦しんでいたと思うのですが、私も「永遠にこのままかもしれない…」と、とても苦しかったです。そんな彼も大人になり、たくさんの友達に囲まれて、優しく気遣いができる子になりました。

息子が独立して家を出るとき、「これからは親子だけど友達になろう」と、私から友達宣言をしました。今ではすっかり飲み友達みたいな関係性で、恋人の話も気軽にしてくれるようになりました。私が2か月に1回、息子の家の近くの美容室に通っているので、「美容室に行くから一緒にご飯食べよう」って声をかけます。じつは息子が小さい頃から「大きくなったら、一緒にお酒を飲もうね」と約束していました。息子はまったく覚えていなかったんですけどね。

娘とは昔から波長が合い、性格もよく似ていると思います。いちばん信頼している人かもしれません。友達といると、私が聞き役をすることが多いのですが、娘にはなんでも話せるし、娘もなんでも話してくれます。そもそも争いごとが苦手な2人なのと、娘がすごく気を遣ってくれるので、ケンカもしません。小さい頃から「大きくなったら一緒に旅行しようね」と言い続けてきたので、実現できたときはうれしかったですね。昨年娘が就職し、現在は年に1回くらいですが、母娘旅を楽しんでいます。

子育て期間を振り返ると、周りのママ友と自分を比べて落ち込んだり、うまくいかないと感じることも多かったり、なんだか大変だったなぁ。

正解かどうかはわからないですが、たとえわが子でもひとりの人間。「親だから」と考えを押しつけないように、尊重してきたようなところはあります。友達のような親子、そんな関係になれて今は幸せです。

家族、女友達との関係性

私には90歳の父、83歳の母、4歳上の姉がいます。母はものすごく働き者。とにかくずっと動いています。実家に帰ったとき、娘も「おばあちゃんって、マグロみたいだよね」と言っていたほど（笑）。父は、昔から読書家でしたが、歳をとってますます知識欲が旺盛な人。新聞の広告欄で紹介されている本のところを切り取って読みたい本を探し、読んでいます。実家の近くに住んでいる姉は、頻繁に連絡を取り合うような感じではないのですが、会うとたくさん話をします。成人してから今のように仲よくなりました。姉はがんばり屋さんで、人のために動ける人。優しくて面倒見もよく、とても尊敬しています。

家族との印象的なエピソードはというと、私も含めて4人とも運動神経が悪いこと！　私が中学で卓球部に入ったとき、家族のなかでスター扱いされました（笑）。昨年父が骨折で入院してしまい、今は月に1、2回実家に帰っています。昔から家族とはつかず離れずな関係ですが、なにかあったら全力でサポートしようと思っています。

今でも定期的に会う友達は、学生時代からの旧友やママ友が多いです。気の合う人といまだにつながっている感じですね。今は1対1で会うことのほうが増えました。

友達は私にとって、「必ず戻る場所」のような存在です。みんなそれぞれ自分の生活があるなかで、ときどきひとつの場所に集まり、同じ時間を共有する仲間みたいな感じですね。

先日、新卒で入社した会社の同僚から久しぶりに連絡をもらって、会うことになりました。彼女とは年賀状のやりとりを長年続けていたのですが、実際に会うのは30年ぶり。

じつは、彼女の配属先でよくしてくれた先輩が少し前に亡くなってしまったらしく、「今会いたいと思った人に会っておきたいんだ」と言われて。それは大事なことだなと思いました。

心地よい関係性を築くために

昔よく飲みに行っていた友達がいたのですが、私、毎回帰り道にコンビニでお酒を1本買って、家で飲みなおしていたんです。この行動について冷静に考えてみたら、「私、モヤモヤしてる? もしかして無理してつき合っているのかも」と気づいてしまったんです。飲んだあとなのに、まだお酒が飲みたいと思うのは、自分が自分に疲れのサインを発していたのだと思います。

昔の私は誘いが断れなかったんです。「誘ってくれるなら行かなきゃ」という使命感。これまでにもお話ししていますが、今までずっと他人軸で生きてきました。だからこそ聞き役になることが多いし、人に合わせるのも上手にできます。ひとり暮らしを始めて、自分自身に素直になって生きられるようになり、ちょっとわがままになったのだと思います。

それからは、帰り道に「めっちゃ疲れた」と思う人とは、少し距離をおくようにしました。すべてその人のペースに合わせるのではなくて、予定が合わないときや気分がのらないときは無理せずちゃんと断る。一回断ってしまったら次は行くようにするなど、自分の気持ちがラクになる、心地よい距離感で接するようにしています。

私にとって睡眠時間も大事なので、夜の長電話も、ほとんどしません。昔は長電話も楽しかったけれど…。今は、自分が落ち着いているタイミングにＬＩＮＥのメッセージで返信するようにしています。

年々、自分に合ったコミュニケーションの取り方がわかってきたような気がします。

常連客になり、居場所をたくさんつくる

私が実践してみて、暮らしやすくなったと感じていることがあります。それは、「近所に常連の場所をたくさんつくること」です。たとえば、近所の八百屋さんやスーパー、レストラン、カフェ、美容室とか、なんでもいいと思います。私は「花屋さんだったらここに行く」など、いろいろな〝行きつけ〟を決めています。私が暮らしている小さな街にも、探してみると素敵なお店がたくさんあるんですよ。

おかげさまで、今の家に引っ越してきてから店員さんと顔見知りになり、あいさつを交わしたり、軽く会話したりできるお店が徐々に増えてきました。店員さんが「私のことを認識してくれている！」と思えた瞬間がなんだかうれしくて。こういうちょっとしたことを日々楽しんでいます。

あと、現在私は陶芸教室に通っていますが、習いごとをするのもいいと思います。

ひとつのコミュニティだけで、関係性を深める必要はないと思うんです。年を重ねると、「なんでも話せる関係」になるのって、意外とハードルが高くないですか？　すごく仲よくなるわけではなく、あいさつやちょっとした会話ができる距離感がちょうどいいんです。

とくに私は、だんだん早期退職や定年退職に向かっていくような世代なので、仕事場だけではなく近所で決まって行く場所があって、顔見知りがいて、軽い会話が交わせる。たったそれだけのことで、「自分の居場所がある」ってうれしくなりますよ。

これはひとり暮らしでも、もちろんそうじゃなくても、よかったらやってみてください。なんだか安心感が生まれる気がします。

ありがとうをたくさん言う

本当にささいなことなのですが、私は「ありがとう」をたくさん言うように心がけています。お客さまにはもちろん、友達にもそうですし、両親にも姉にも子どもたちにもそうです。

お店の人にも同じです。買い物をしたとき、必ず最後に「ありがとうございます」と言うようにしています。学生時代、某輸入食品を取り扱う小売店のバイト経験がある娘からすると、レジでお礼を言うお客さんはかなり少数派らしいです。それを聞いたときに、「そんな、なんてもったいない！」と思いました。

「ありがとう」を積極的に言うようになったのは、接客業の仕事をするようになってからだと思います。エステティシャンになって、自分が接客する立場になり、私に向けて、「ありがとう」と言ってくださる方がたくさんいました。そのたびに、「ありがとうを言われることってうれしいなぁ」と思っていました。

エステティシャンの仕事に就くまでの私は、対人関係が苦手でネガティブでしたが、素敵なお客さまから影響を受けて、どんどんポジティブな人間になっていきました。今は、「ありがとう」のひと言がコミュニケーションの潤滑油となって、いい循環が生まれるということを実感しています。

P．180の「常連の場所をたくさんつくる」ということにもつながるのですが、いろいろなところで「ありがとうございます」と言っているうちに、もしかしたら「あ、この人！」と、覚えてくださったのかなとも思います。

「ありがとう」を言う、ということに限らないのですが、「日常のなかで当たり前にしなきゃいけないけれど、つい忘れてた！」ということって、意外とありますよね。そんなささいなことこそ、きちんと心がけるようにして、日々を積み重ねていけたらと思っています。

おわりに

最後までお読みいただき、ありがとうございます。

この本をつくるにあたり、いちばん意識していたのは「どんな気分のときにも読んでいただけるものにしたい」ということ。

自然に笑顔で過ごせる日もあれば、どうしても元気が出なくて〝ポジティブすぎる〟言葉を受け止めるのがつらい…など、生きていればいろいろありますよね。

そんなとき、私のインスタグラムのお決まりのひと言「今日も一日おつかれさまでしたー^^」に込める思いのように、読んでくださった皆さんの毎日にそっと寄り添える一冊になれば…と願いながら、今考えていることをライターさんに丁寧にひもといていただきました。

ひとり暮らしを始めた頃、ふと「これからが第二の人生になるのかな」と思いました。

今まで子どもたち中心に回っていた暮らしが、急に自分軸になったとき、「この先どういう人生にしたい？」ということすらわからなかった私。ひとりでの生活は不安だらけだったけれど、思いきって一歩踏み出したその先に、こんなに自由でワクワクする毎日が待っているなんて想像もしていませんでした。

本の中でも触れましたが、今の私があるのは、やはりインスタグラムのフォロワーさんの存在が大きいです。本当にありがたいことにたくさんの方に見ていただき、いいねやコメントをいただいているうちに、私にとってなくてはならない「居場所」になっていきました。改めて、本当にありがとうございます。

まだご覧になったことのない方も、私のアカウント「よう／アラフィフからのおひとりさま生活」を、一度覗いてみていただけるとうれしいです。

今暮らしている2DKの賃貸物件。どこから見る景色も癒やされる大好きなわが家ですが、あとどれくらい住めるのかは正直わかりません。

「ずっと賃貸暮らしだろうなぁ」という漠然とした未来予想図はありますが、たとえこの先どんな家に住むことになっても、〝少しのお気に入り〟があれば、毎日きっと幸せだと思います。

植物たちのお世話をして、手づくりの器でつくりおきを食べる。インスタグラムを更新しながら、届いたコメントを「ふふふっ」と読んでいる自分の姿がイメージできます。

そのためには、また引っ越しをするときが来ても困らないように、前回片付けに苦労した教訓を生かして、ものを少なく暮らしていかないとですね。

ひとり暮らしも4年目に突入したし、もう一度しっかり片付けをするのもいいかも…。実行したら、またインスタグラムで報告しますね。

50代になり、仕事の忙しさや疲れ、更年期の不調で体と心のバランスが上手にとれないことも。そんなときは、年上のお客さまの「痛いところがひとつくらいあるのが普通なのよ」という、頼もしい言葉を思い出すようにしています。

だって私が目指すところは「ごきげんなおばあちゃん」ですから。自分をたくさん褒めて、これからも毎日を大切に過ごしていきたいです。

行ったことのない場所を訪れてみたいし、おいしいものをたくさん食べたい。人生最後の瞬間に後悔しないよう、欲張っていろいろな経験をしたいと思います。

最後に、この本の出版にあたり、ＥＳＳＥオンラインさんで書かせていただいているコラムをいつもサポートしてくださり、本の出版にもご尽力いただいた編集担当の西村さん、小野さん。

わが家のお気に入りたちを素敵に切り取ってくださったカメラマンの林さん。私より私のことを理解し、取材をしてくださった阿部さん。

そのほか、携わってくださったすべての方に感謝の気持ちでいっぱいです！
ありがとうございました。

2025年3月吉日

よう

よう

社会人の長男と長女がいる50代。子どもたちの独立を機に、軽トラック2台分の荷物を処分して2DKの築古賃貸アパートに引っ越し。約4年前からひとり暮らしに。インスタグラム（@ohitorisama_kurasi）では、子どもが巣立ってからの〝おひとりさま生活〟を発信中

デザイン　菅谷真理子（マルサンカク）
DTP　ビュロー平林
撮影　林 紘輝（扶桑社）
校正　榊原千鶴子（東京出版サービスセンター）
取材・構成　阿部里歩
編集　西村満里、小野麻衣子（扶桑社）

50代、賃貸ひとり暮らし。
―ものを手放して見つけた、私らしい日常

発行日　2025年3月12日　初版第1刷発行

著　者　よう

発行者　秋尾弘史

発行所　株式会社 扶桑社
〒105-8070
東京都港区海岸1-2-20　汐留ビルディング
電話 03-5843-8581（編集）
03-5843-8143（メールセンター）
www.fusosha.co.jp

印刷・製本　株式会社広済堂ネクスト

　ISBN978-4-594-09949-7

今日も一日
お疲れさまでした